ALPHA

ETTEILLA,

OU

MANIERE

DE SE RECREER

AVEC UN JEU DE CARTES,

PAR M. ***

A AMSTERDAM,

Et se trouve A PARIS,

Chez **LESCLAPART**, Libraire, Quai de Gêvres.

M. DCC. LXX.

AVERTISSEMENT.

L'AUTEUR, pour éviter les copies qui d'ordinaire, par l'empreſſement de ceux qui les font, font remplies de fautes, ce qui porteroit un dérangement total dans ſon amuſement, avertit les Curieux en ce genre, qu'il ne s'en vendra point un exemplaire, qu'il ne ſoit en tout ſemblable à celui-ci.

Le Prix du Volume eſt de 3 livres.
Le Prix du Jeu, 1 livre, 10 ſols.
L'on peut s'en paſſer, mais il donne la facilité d'apprendre promptement...

LECTEUR.

L'AMUSEMENT que je vous offre est, sans contredit, le tombeau de l'ennui, l'ame de la réflexion, le pere des conseils, le plaisir de la société; & si vous réfléchissez, vous trouverez, je crois, peu de jeux où l'esprit ait plus à se developper, & à se récréer, que dans celui-ci. En effet, êtes - vous dans l'attente d'une visite, dans l'espérance de vous marier, d'avoir un Amant, une Maîtresse? vous consultez vos Cartes. Le tems de l'ennui se passe sans mauvaise humeur, ni sans courir le risque de perdre votre argent à des Jeux de hasard.

Mais, Lecteur, beaucoup de vous ne me le passeroient pas, si je ne vous assurois que ce Jeu n'est qu'un amusement frivole, tels que les Oracles des Sybilles, & tous les autres livres de ce genre, où, par quelque moyen qu'on puisse employer, on croit pouvoir s'instruire du passé, ou percer dans l'avenir. J'ai cru que, comme on ne croit jamais moins aux Sorciers, de quelque genre qu'ils foient, que, lorfqu'on l'eft un peu foi-même, le plus fage parti que l'on puiffe prendre pour montrer combien, par exemple, on doit avoir peu de confiance aux gens qui fe mêlent de tirer les Cartes, étoit de mettre tous ceux qui favent feulement lire, & qui peuvent faire quelques combinaifons, en état de les tirer eux-mêmes. Ils en verront mieux combien peu l'on doit compter fur leurs réfultats, & toute la ftupidité qu'il y a à s'y arrêter. Ce n'eft point que quelquefois, le hafard n'amene des prédictions fingulieres ; mais on n'en doit pas oublier davantage, que ce n'eft qu'à ce hafard qu'on les doit ; & que le comble de la fottife feroit de régler d'après, fa conduite ou fes opinions; & qu'enfin, ce n'eft point une fuperftition, mais un amufement qu'on doit fe faire de ce Jeu. Mon deffein en écrivant ce livre, n'a été que d'empêcher bien des perfonnes d'être la dupe d'eux-mêmes, & de ces Fripons que nous appellons *Devins*. Amufez-vous donc de ma fcience, ami Lecteur; mais quand vous la poffléderez comme moi, ayez le bon efprit de ne vous pas croire plus Sorcier que moi-même qui, en vérité, fuis bien loin de me flatter d'en être un.

Néanmoins, Lecteur, que la vérité que

je dépeins ne vous fasse point présumer que je suis plûtot Théoricien, que Praticien; j'ose avouer que depuis 16 ans j'ai été le maître de ceux & de celles qui ont fait le plus de bruit en ce genre; mais plusieurs me reconnoîtront: je commence.

REMARQUE.

La Carte fur fon Affiette, s'entend telle qu'on la doit tenir pour jouer.

Lerfqu'il fera un R de cette forme, il fignifiera Renverfer, c'eft-à-dire, la Carte du haut-en-bas.

Le Nom d'une Carte & d'un N°. eft la premiere fignification.

Le Surnom, *id.* eft la feconde fignification.

Le Coup eft l'explication entiere de la rangée qui eft fur la Table.

Le Contre-Coup eft d'une rangée de Cartes à l'autre, & quelquefois dans la même rangée.

L'Enfemble eft d'expliquer plufieurs Rois, Dames, Valets, Neuf, &c.

Le Rencontre eft deux Numeros qui peuvent fe joindre enfemble comme le 14 & le 17, &c.

Le Relevé eft de prendre une Carte à droite, & la faire tomber fur celle à gauche.

Le Néant eft une chofe qui n'eft pas, ou qui s'en va du Jeu

cette premiere explication ne peut,

Lecteur ; être bien claire pour vous ,
si vous n'avez lu mon Livre avec un
peu de tranquillité ; mon Amusement
est facile à apprendre , mais je dois
vous dire par comparaison, que vous sau-
riez peu de Latin , si vous ne vous donniez
que la peine de lire un Dictionnaire ; c'est
pourquoi pour entendre mon Jeu avec facilité , je vous invite à poser vos Cartes
écrites sur la Table , telles que vous le verrez dans mes Coups , & les combiner en
suivant la maniere que je vous trace.

Réflexions pour le Sous-entendre des Significations.

N°. 1. Le Etteilla vous-mêmes, cette Carte doit être toute blanche.

2. Un particulier intéressé dans votre vie.

R. La même signification.

3. Une Femme... *id.*

R. . . . . . *id.*

4. Militaire, Général, ou Soldat, &c.

R. Domestique, non Artiste & Artisan.

5. Lettres, l'on verra si c'est passé, présent, ou avenir.

R. Billet, si on l'écrit ou reçoit.

6. Or, monnoie.

R. Trahison, l'on verra si l'on est trahi, ou si l'on trahit.

7. Retard, d'affaires, d'argent.

R. Entreprise, entreprendre, l'on consulte le Jeu pour savoir si l'on réussira.

8. Campagne, à quoi elle se rapporte.

R. Chagrin, selon le jeu passé ou avenir.

9. Caquets, si on les fait, ou si d'autres les font.

R. Naissance, l'on verra pour qui, ou bien où l'on est né.

Tout ne peut se voir qu'en bien consultant les coups.

Delectamentum

Delectamentum jucundius quàm utilius.

Le Nº. 1 .   .   .   le Etteilla.
Le Nº. 2. Le Roi de Carreau sur son Assiette, signifie un Homme.
Renversé, c'est un autre Homme.
Le Nº. 3. La Dame est une Femme.
      R.   .   . une autre Femme.
Le Nº. 4. Le Valet .   . Militaire.
      R.   .   .   . Domestique.
Le Nº. 5. L'As . . . une Lettre.
      R.   .   .   . Billet.
Le Nº. 6. Le Dix .   . Or.
      R.   .   .   . Trahison.
Le Nº. 7. Le Neuf .   . Retard.
      R.   .   .   . Entreprise.
Le Nº. 8. Le Huit .   . Campagne.
      R.   .   .   . Chagrin.
Le Nº. 9. Le Sept .   . Caquets.
      R.   .   .   . Naissance.

Les N°. 10, 11, 12 & 15 font quatre Particuliers.

R. *id.*

L'As de Cœur n'a point de N°. mais dit que la Perſonne eſt laborieuſe.

R. Table extraordinaire du Manger en cérémonie, chez ſoi, ou hors de chez ſoi.

13. Ville, c'eſt-à-dire, Ville où l'on eſt.

R. Héritage, l'on peut hériter ſans avoir de parens riches, & cela, par des amis, des connoiſſances, ou par enchaînement.

14. Victoire, ſur ce qui ſe rapporte au Coup ou Contre-coup, &c.

R. Ennui d'attendre, ou d'être ſeul, ou de n'avoir rien à faire.

16. Penſer, à quelque choſe.

R. Deſir, déſiré, une réuſſite, de l'argent, &c.

Il faut, Lecteur, dériver toutes les Significations, comme vous voyez, a ennui, ennuyé d'attendre, d'être en campagne, à la ville, &c.

Le nº. 10. Le Roi de cœur Homme blond.
    R . *id.* chatain blond.
Le nº. 11. La Dame Femme blonde.
    R . *id.* chataine blonde
Le nº. 12. Le Valet Garçon blond.
    R . *id.* chatain blond.
L'As n'a point de nº. Mars.
    R . . Table extraor-
            dinaire.

Le nº. 13. Le Dix ville.
    R . . Héritage.
Le nº. 14. Le Neuf victoire.
    R . . Ennui.
Le nº. 15. Le Huit Fille blonde.
    R . *id.* chataine blonde
Le nº. 16. Le Sept La Penfée.
    R . . Defir.

Le N°. 17. Homme de Robe, tout ce qui y a rapport, non ces gens à intrigues du Palais qui n'ont aucune qualité.

R· Homme veuf. } Gens dont leurs
18. Femme veuve. } époux font morts.

R. Femme du monde, vous regarderez fi c'eft préfent, paffé, ou avenir.

19. Ambaffadeurs. Envoyés.

R. Efpion, bien des gens le font eux-mêmes par leur imprudence ou leur trop de paroles.

L'As, Vénus, la perfonne aime les plaifirs. C'eft encore une fufpicion pour le manque de chafteté, quoique l'on puiffe être amoureux & être chafte.

R. Groffeffe, l'on verra de qui, & de quel enfant, le paffé, le préfent, & l'avenir.

20. Pleurs, pour qui.

R. Pertes, d'argent, de procès, &c.

Le Neuf. Eccléfiaftiques, cette Carte eft la mieux combinée de mon Jeu: car il foule la mort aux pieds, comme la méprifant, & étant déjà mort au monde, c'eft-à-dire aux plaifirs.

R. Saturne qui fignifie mortalité de ce qui tombe fur elle.

21. Maladies d'efprit, de corps, de bourfe, &c,

R. Religieufe, femme cloîtrée.

22. Efpérance, de ce qui fe préfente.

R. Amitié, l'on voit pour qui, ou pourquoi.

Le n°. 17. Le Roi de Pic Homme de robe.
R. . . Homme veuf.
Le n°. 18. La Dame Femme veuve.
R. . . Femme du monde
Le n°. 19. Le Valet Envoyé.
R. . . Espion.
L'As n'a point de N°. Vénus.
R. . . Grossesse.
Le n°. 20. Le Dix Pleurs.
R. . . Pertes.
Le Neuf n'a point de N°. Ecclésiastique.
R. . . Saturne.
Le n°. 21 Le Huit Maladie.
R. . . Religieuse.
Le n°. 22. Le Sept Espérance.
R. . . Amitié.

Les N°. 23, 24, 25, 29.

            Comme au Cœur, différens Particuliers.

l'As.   Bourse d'argent ; c'est-à-dire beaucoup d'argent.

R.   Noblesse , l'on verra pour qui.

27.   Maison où l'on existe.

R.   Amant, amoureux.

28.   Effet, comme Bijoux, meubles, habillements.

R.   Un Présent , l'on verra si on le reçoit, ou si on le donne, & de qui c'est.

30.   Argent monnoyé.

R.   Embarras d'affaires , d'argent, d'occupation, d'enfans , de ménage , &c.

Il faut bien réfléchir avant de juger vos coups.

Le n°. 23. Le Roi de Tréfle Homme brun.
R. . *id.* Chatain brun.
Le n°. 24. La Dame Femme brune.
R. . *id.* Chataine brune.
Le n°. 25. Le Valet Garçon brun.
R. . *id.* Chatain brun.
Le n°. 26. L'As Bourse d'argent.
R. . . Noblesse.
Le n°. 27. Le Dix Maison.
R. . . Amant.
Le n°. 28. Le Neuf Effet.
R. . . Un Présent.
Le n°. 29. Le Huit Fille brune.
R. . . Fille chataine brune.
Le n° 30. Le Sept Argent.
R. . . Embarras.

Le N°.

2. Fidélité , soit dans l'amour , soit
dans le secret, dans les affaires, dans
les biens , dans le Service

3. Air, un des Elémens , l'on verra s'ils
sont bons pour la personne , je dis
bons , outre le bien ordinaire ; car
sans un des quatre, nous mourrions,
le feu ne provient point seulement
du bois.

4. Fierté , l'on verra qui l'est.

5. Solitude , l'on verra si on l'aime, ou
si l'on y est contraint par l'abandon
de la Société.

6. L'Eau , Elément.

7. Pauvreté , selon son état.

8. Richesses , suivant son état.

9. Le Présent , tems existant.

10 Remarque , comme Bouton, coutu-
re , petite vérolle.

11. Inconstance, soit par caprice , ou par
foiblesse suivant le Jeu. ,

12 Générosité,de rendre service,donner
son bien à tems , ou à contre-tems.

13. Envieux, qui l'est , de qui , & de
quoi.

14. Curiosité , vouloir tout savoir.

15. Fleurs , si on les aime, ou si on les
hait , si l'on en a reçues en présent.

Les

Les noms de vos Numeros.

N°. 1. ne dit rien ici.
N°. 2. Fidélité.
N°. 3. L'Air.
N°. 4. Fierté.
N°. 5. Solitude.
N°. 6. L'Eau.
N°. 7. Pauvreté.
N°. 8. Richeſſes.
N°. 9. Le Préſent.
N°. 10. Remarque dans la Figure.
N°. 11. Inconſtance.
N°. 12. Générofité.
N°. 13. Envieux.
N°. 14. Curiofité.
N°. 15. Fleurs.

Nº. 16. Cœur, l'on verra s'il est bon, grand, médiocre, mauvais, pour qui il est.

17. Sciences, l'on verra si on les aime, si on les exerce.

18. Vie, l'on verra si elle est bonne ou mauvaise.

19. Compagnie, l'on verra de quelle espéce.

20. Jalousie, touchant quel sujet, si elle est bien fondée.

21. Prudence, en quoi.

22. Force, d'esprit, d'amour, &c.

23. Moins, dans l'argent, les affaires, ou la prison sera moins que l'on ne pense.

24. Bavard, trop parler.

25. Esprit, grand, fort ou foible.

26. Orphelin, de pere ou de mere, ou des deux.

27. Avenir, tems qui viendra.

28. Indiscrétion, de secret, de vice, de bonté, de table.

29. Art, Artiste.

30. Haîne, l'on en veut, ou vous en voulez, suivant le Jeu.

N°. 16. Cœur.
N°. 17. Science.
N°. 18. Vie.
N°. 19. Compagnie.
N°. 20. Jaloufie.
N°. 21. Prudence.
N°. 22. Force.
N°. 23. Moins.
N°. 24. Bavard.
N°. 25. Efprit.
N°. 26. Orphelin.
N°. 27. L'Avenir.
N°. 28. Indifcrétion.
N°. 29. Art.
N°. 30. Haine.

Les N°. 2, 3, 4, 5, 10, 11, 12, &

15. Sont tous parens, l'on compte à mesure & pour qui ils sont.

6. Commencement d'un procès, d'une affaire, d'un établissement.

7. Avantage dans une affaire, &c.

8. Fin, de procès, de chagrin.

9. Bon, chose bonne à terminer, à arranger, à entreprendre.

13. Mariage forcé par les Parens, par état, par disette, &c.

14. Empêchement dans une affaire, dans une attente, dans un présent; je ne mets pas à tout, &c. mais vous le supposerez en réfléchissant que si bon, &c. vient il fait valoir toutes les significations sur qui il tombe; si c'étoit sur Mauvais, je dirois, selon le Coup du Jeu, votre affaire est bonne, mais deviendra mauvaise; si au contraire le Mauvais tomboit sur Bon, je dirois, votre affaire est mauvaise, mais elle deviendra bonne.

Noms des Numeros renversés.

No. 1.   n'a point ici de signification.
No. 2.   Pere.
No. 3.   Mere.
No. 4.   Parent.
No. 5.   Beau-Pere.
No. 6.   Commencement.
No. 7.   Avantage.
No. 8.   Fin.
No. 9.   Bon.
No. 10.   Tuteur.
No. 11.   Belle-Mere.
No. 12.   Enfant.
No. 13.   Mariage forcé.
No. 14.   Empêchement.
No. 15.   Sœur.

16. Hypocrifie , jouant la dévotion , ou la probité à fon profit.

17. Foibleffe de bravoure , marque l'homme efféminé.

18. Avarice , d'argent, de travail , &c.

19. Rapt , enlevement.

20. Feu , Elément.

21. Ambition, de Bien, de gloire, &c.

22. Indécifion , ne favoir quel parti prendre, vous confulterez le Jeu.

23 & 24. Homme & Femme mariés.

25. Frere , l'on verra comme aux autres parens , à qui eft ce frere.

26. Rancune, ne pas pardonner.

27. Le paffé , temps qui a été.

28. Jeu , Joueur, homme pareffeux, qui croit pofféder toutes les douceurs de la vie en jouant.

29. Eloignement, l'on verra s'il eft forcé, ou de bonne volonté , ou exil.

30. La Terre, Elément.

N°. 16. Hypocrisie.
N°. 17. Foiblesse de Bravoure.
N°. 18. Avarice.
N°. 19. Rapt.
N°. 20. Le Feu.
N°. 21. Ambition.
N°. 22. Indécision.
N°. 23. Epoux.
N°. 24. Epouse.
N°. 25. Frere.
N°. 26. Rancune.
N°. 27. Le Passé.
N°. 28. Jeux.
N°. 29. Eloignement.
N°. 30. La Terre.

Bâtard , n'empêche point la probité , les sentimens.

Voleur , l'on verra de quoi , & s'il est mal accompagné.

Vie extraordinaire , en bien , ou en mal , selon le Jeu.

Généalogie , l'on verra si elle est bonne ou mauvaise.

Cession , de tous chagrins , d'affaires , &c.

Désunion , d'amis , de société , de ménage.

Foi , promesse , bonne , ou mauvaise.

Le Temps , l'on verra à quoi on le passe.

Abus , touchant quoi.

Outrage , d'effets , ou de paroles.

Politiques , l'on verra si l'on est bon , mauvais , grand , &c.

Ivrognerie , Ivrogne , ils feront la réflexion eux-mêmes , ce sont des animaux que je déteste.

Irréligion , ce vice est encore plus grand.

Paix , doit s'entendre à plusieurs significations : celui qui tombe sur Paix , la va chercher & la demande ; Paix , après la dispute , si l'on aime la Paix , &c.

Signification des Numeros de Rencontre.

No.

1 & 30.	Bâtards.
2 & 29.	Voleur.
3 & 28.	Vie extraordinaire.
4 & 27.	Généalogie.
5 & 26.	Mauvais.
6 & 25.	Cession de tous chagrins.
7 & 24.	Désunion.
8 & 23.	Foi.
9 & 22.	Le Tems.
10 & 21.	Abus.
11 & 20.	Outrage.
12 & 19.	Politique.
13 & 18.	Ivrognerie.
14 & 17.	Irreligion.
15 & 16.	Paix.

D

Or fur vous , c'eft-à-dire, que vous en avez dans vos poches.

Caractère , eft-il bon , l'on verra fur qui il tombe , & l'on jugera que la perfonne a le caractère porté au bon ou au mauvais , fuivant le Jeu.

L'on vous attend, faut voir qui attend.

Preffant befoin , d'argent , &c.

Chûte , être tombé. Voyez grande, mau-vaife , &, où.

Chafteté , l'on verra fi cela eft.

Sageffe , dans fes entreprifes , dans fa con-duite , &c.

Beaucoup d'affaites , d'argent.

Cloître , paffé , ou avenir.

Plus , que l'on efpere.

Superftition ; croire , par exemple, que mon livre eft furnaturel , ce qui n'eft pas.

Méfiance, de l'avenir , d'être trompé.

Sincérité , parler vrai.

Défefpoir, il ne faut qu'un peu de patience : le bien & le mal fe fuccédent, cela même ne peut être autrement; rien n'étant parfait dans l'homme.

Dû , l'on nous doit.

Dettes, nous devons, peu, ou beaucoup, fuivant le Jeu.

Vous mettrez des &c. à toutes les figni-fications , fuivant l'exigeance des chofes.

Le Etteilla à côté toujours sur la gauche.

Du Roi de Carreau	Or sur vous.
De la Dame	Caractère.
Du Valet	On vous attend.
De l'As	Preffant Befoin.
Du Dix	Chûte.
Du Neuf	Chaftcté.
Du Huit	Sageffe.
Du Sept	Beaucoup.

Du Roi de Cœur	Cloître.
De la Dame	Plus.
Du Valet	Superftition.
De l'As	Méfiance.
Du Dix	Sincérité.
Du Neuf	Défefpoir.
Du Huit	Dû.
Du Sept	Dettes.

Innocent dans les fers , faut voir qui le retient.

Cocuage , à homme cocu, femme p. , femme cocuelle, homme libertin.

Mariage double , l'on a été, l'on est , ou l'on fera plusieurs fois marié.

Abandon , de foi , de ses biens , de ses enfans.

Inhumanité, être cruel.

Humanité, être humain.

Solitude , l'aimer , ou la haïr.

Procès , avec qui , sur quoi , si l'on gagnera.

Inimitié , ne dit pas haine , c'est le milieu.

Injustice, si l'on nous l'a faite, ou bien nous.

Flatterie , être flatteur, mal parler pour se bien faire venir.

Prison, lieu où l'on perd, en y entrant, la moitié de la vie , & où l'on a bien de la peine à conserver l'autre.

Grand , de cœur, d'ame.

Ingratitude , l'on voit qui est ingrat.

Foiblesse d'esprit, de bon cœur.

Imagination , s'imaginer des choses vagues & sensibles, se frapper l'idée.

A côté.

Du Roi de Pique	Innocent dans les fers.
De la Dame	Cocuage.
Du Valet	Mariage double.
De l'As	Abandon.
Du Dix	Inhumanité.
Du Neuf	Humanité.
Du Huit	Solitude.
Du Sept	Procès.

Du Roi de Tréfle	Inimitié.
De la Dame	Injustice.
Du Valet	Flatterie.
De l'As	Prison.
Du Dix	Grand.
Du Neuf	Ingratitude.
Du Huit	Foiblesse.
Du Sept	Imagination.

L'on observera que toutes ces Cartes sur leurs Assiettes, ou renversées, auront les mêmes significations, étant, comme je dis, à coté du Etteilla.

Grand Honneur ; suivant l'état de la personne.

Grand, pour parler , dit négociation d'affaires , &c.

Maladies , qui se gagnent , comme le scorbut, la petite vérole.

Loterie, l'on voit si l'on y gagnera, ou si l'on y met beaucoup, suivant le Jeu.

Repris de Justice, comment, ou dans le passé, dans l'avenir.

Bon Citoyen , être utile à sa Patrie en général, ou en particulier.

Revers , choses auxquelles l'on devroit souvent s'attendre, & auxquelles l'on ne pense point.

Intrigues, soit au bien, ou au mal.

Consultation pour affaires , &c.

Tromperie de femme , du coté des biens, de l'amour, de l'honneur, &c.

Dispute, avec qui.

Petite Réussite , sur quoi.

Nouvel Etat, quel il sera.

Grande Réussite , en quoi.

Mariage , on voit si c'est présent ou avenir.

Infirmité, de corps, d'esprit, d'affaires, &c.

Il est une autre maniere de voir un Mariage, c'est le Neuf de Pique sur son Assiette entre Garçon & Fille.

Signification des Cartes ensemble sur leurs Assiettes.

4	Rois	Grand Honneur.
4	Dames	Grand pour parler.
4	Valets	Maladie contagieuse.
4	As	Loterie.
4	Dix	Repris de Justice.
4	Neuf	Bon Citoyen.
4	Huit	Revers.
4	Sept	Intrigues.
3	Rois	Consultation.
3	Dames	Tromperie de femme.
3	Valets	Disputes.
3	As	Petite Réussite.
3	Dix	Nouvel Etat.
3	Neuf	Grande Réussite.
3	Huit	Mariage.
3	Sept	Infirmités.

Petit Conseil ; c'est-à-dire , Conseil de
peu d'esprit.

Ami, présent , avenir : Ami, ne dit pas
Amant.

Inquiétudes , de quoi.

Duperie , comment, & de qui.

Changement de lieu , pour où aller , de
conduite, de sentiment, de maison.

Petit Argent, peu.

Nouvelle connoissance, peu & bonne ; c'est
un sentiment reçu.

Petite nouvelle , peu intéressante.

Subitement , affaires, procès à l'heure que
l'on y pense le moins.

Mauvaise Société de femme ou d'homme.

Privation , d'argent, de biens , de liberté.

Deshonneur , on verra qui le causera.

Evénement , l'on verra s'il est bon ou mauvais.

Usure, Usurier ; ils n'acheteront point mon
livre , mais tâcheront de l'emprunter.

Erreurs , de pensées , d'affaires.

Affreux Citoyen , méchant homme , sans
nulles mœurs.

2 Rois   petit conſeil.
2 Dames amis.
2 Valets Inquiétudes.
2 L'A   Duperies.
2 Dix   changement.
2 Neuf   petit argent.
2 Huit   Nouvelle connoiſſance.
2 Sept   petite Nouvelle.

Autre ſignification des Enſembles renverſes.

4 Rois   subitement.
4 Dames mauvaiſe ſociété de femmes.
4 Valets privation.
4 As   Déshonneurs.
4 Dix   Evénements.
4 Neuf   uſure.
4 Huit   Erreur.
4 Sept   Affreux citoyen.

E

Commerce , homme de Commerce , bon Commerce , &c.

Gourmandife, Gourmand en bien ou en mal.

Pareffe , homme tiéde , affaire pareffeufe , qui ne rapporte rien.

Libertinage , adonné indirectement à toutes débauches.

Manque , cette Carte fait péricliter la bonne Carte fur laquelle elle tombe.

Imprudence , dans les affaires , dans les paroles.

Spectacle , fi l'on en eft, y aller.

Joie, touchant le gain , les plaifirs, &c.

Projet , bâtir des penfées.

Ouvriers , Gens de métier, ouvrage.

Société , affociation.

Ennemi , affaire qui nous eft onéreufe, eft auffi un Ennemi muet.

Attente, languir dans l'attente de quelques affaires, d'argent, &c.

Profits, de quoi.

Traverfes , dans les affaires , dans les entreprifes.

Conduire , bonne, ou mauvaife , & en général comme à Gourmandife, réfléchir qu'une Carte qui paroît nous annoncer un mal, ne nous dénote fouvent que du profit.

3	Rois	Commerce.
3	Dames	Gourmandise.
3	Valets	Paresse.
3	As	Libertinage.
3	Dix	Manque.
3	Neuf	Imprudence.
3	Huit	Spectacle.
3	Sept	Joie.
2	Rois	Projet.
2	Dames	Ouvrier.
2	Valets	Société.
2	As	Ennemi.
2	Dix	Attente.
2	Neuf	Profits.
2	Huit	Traverses.
2	Sept	Conduite.

Ce Jeu, selon moi, est très-amusant ; est-on seul dans sa chambre, dans l'attente d'un Amoureux pour dîner, l'on regarde s'il viendra ; est-on en prison, dans cette situation, j'ai eu recours à mon jeu qui m'a empêché plus de mille fois de donner au diable ceux qui en étoient les auteurs.

J'AI cru devoir faire ces réflexions qui pourront vous faciliter à tirer les Cartes ; à préfent venons à autres chofes.

Voilà déjà 218 Significations , comme vous pouvez voir , dans 33 Cartes; où font mes Ecoliers qui n'ont jamais pu en retenir le quart , & qui malgré moi ne vouloient jamais fe mettre dans l'efprit, qu'une Carte fur fon Affiette ne pouvoit avoir la même fignification que Renverfée?

Mais en voici bien une autre , quoique très-fimple. Pofez fur la table le fept de Pique, fur fon Affiette , qui fignifie Efpérance ; faites tomber fur leurs affiettes, fur votre gauche, les 32 Cartes l'une après l'autre , vous trouverez 32 Efpérances diffé-rentes ; faites-les paffer enfuite renverfées, en voilà encore 32 autres , pareille opéra-tion pour vos Numéros , fait 128 fignifica-tions toutes différentes, qui multipliées par chaque Carte , en refaifant la même opéra-tion , vous annoncent 32 fois 128, qui font 4096 fignifications : mais au lieu d'avoir fai paffer toutes ces Cartes à gauche, faites-les paffer à droite; c'eft tout un autre change-ment ; car alorfque votre Efpérance eft tom-bée fur Amant, Amant tombe fur vos Efpérances;ce qui fait une grande différence;comme vous voyez: mais ce n'eſt pas toute Eſpérance, par contre-coup, ſur 2 Cartes , ſur 3, ſur 10 , &c , & après Eſpérance renverſée qui dit Amitié , réfléchiſſez , mais ſans vous caſſer la tête , amuſez-vous ; pour moi, preuve en main , je trouve 1 4 3 6 7 ſignifications dans mon Jeu , par une ſemblable; ce que,comme moi,vous trouverez: quel aſpeˆ pour mes Ecoliers, & pour tous ces petits tireurs & tireuſes de Cartes!

Voyons à préſent comme on diſtingue les tems , ſoit de l'âge ou des affaires.

C'eſt une règle, il faut que ce ſoit dans un Coup de douze, & que le Etteilla vienne; lorſqu'il y eſt , vous prenez le deuxiéme Numero ſur votre gauche qui eſt après lui ſur ſon aſſiette, quand même il y auroit des Cartes renverſées entre lui & ce premier Numero ſur ſon aſſiette, comme l'ai dit ; s'il n'en eſt point, vous retournerez à la droite, c'eſt-à-dire, en faiſant la roue ; ſuppoſons, pour exemple , qu'il ſe trouve après le Etteilla ſur la gauche le Numero 11 , vous direz 13 fois 11 , dont vous prendrez le quart qui eſt 35 .... 9.

Vous voulez ſavoir quel âge aura le Mari que vous épouſerez ; vous ne direz pas, en prenant le quart ſuſdit, il aura 35 mois, 2 jours, 6 heures ; mais vous direz, comme plus fenfible, il aura 35 ans, 9 mois: fi c'étoit pour un procès, vous ne diriez pas, il finira dans 35 ans, 9 mois ; mais dans 35 mois, 2 jours, 6 heures, ou dans 35 jours 18 heures. Vous allez peut-être dire qu'il y a des procès qui durent ce tems de 35 ans, 9 mois ; cela n'eft pas ordinaire ; mais, pour empêcher qu'ils durent tant, ne plaidez point.

Vous devez donc toujours prendre le quart fenfible : fi vous ignorez entierement le tems des âges ou des affaires, vous vous en tiendrez à attendre tous les quarts l'un après l'autre : fouvenez-vous, mille ans & plus font des décrets adorables & refpectables ; mais fi je ne vous difois point les Numeros qui comptent, vous feriez encore moins avancé. Les voici.

Numeros 4, 5, 6, 7, 8, 9, 10, 11 12, 13, 14, 15, 16 & 17 pour les femmes. Et de plus pour les hommes 18, 19, 20 & 21. Tous les autres ne comptent qu'après coup. Les enfans ne commencent à compter les tems qu'à 13 ans ; paffés 68 ans 3 mois, les hommes ne comptent plus ; les femmes ne comptent que jufqu'à 55 ans 3 mois : fi vous vouliez obféder mon Jeu, vous ne vous amuferiez point : j'ai fait là-deffus en mon particulier mes réflexions.

Il eft encore une obfervation pour les

tems : fi vous dites 13 fois 5 font 65 , le quart, fuppofons, des années eft 16 ans & 3 mois ; dites à préfent, 13 fois 6 font 78 ; le quart eft 19 années 6 mois : de 16 ans & 3 mois, à 19 années 6 mois, c'eft un efpace de 39 mois que vous ne pourriez voir : alors vous prendrez dans les Numeros qui ne comptent point, celui qui viendra en fui-vant, celui que vous venez d'employer tou-jours fur fon affiette, & vous en prendrez le quart que je fuppofe être le Numero 29; vous direz , le quart de 29 eft 7 mois ; car obfervez que ces numeros que je n'employe qu'en 2e. font toujours des mois ; il refte 1 mois qui fait 30 jours ; car tous mes mois font de 30 jours ; le quart de 30 jours eft 7 jours 12 heures. Vous direz donc à la per-fonne du Numero 13 fois 5, fi les 2 Nume-ros fe fuivent tels que je les défigne, qu'elle eft âgée de 16 ans, 10 mois, 7 jours, 12 heu-res.

Je vais préfentement vous démontrer 4 Coups, qui en vous inftruifant pour le Jeu , & la route que vous devez tenir pour vous amufer, vous apprendra en même tems l'a-brégé de la vie d'une Dame. Je prends 33 Cartes, Rois, Dames, Valets, As , Dix, Neuf, Huit, Sept, & une Carte blanche des deux côtés.

Pour l'Etteilla, je mets fur une Carte blanche N°. 1, fur l'As de Carreau N°. 5, fur le 10 de Carreau N°. 6, fur le 8 de Carreau N°. 8, ainfi de tous les autres, mais particuliérement fur celles-ci pour connoître les hauts & les bas.

Pour vous, Lecteur, qui voulez vous amufer de mon Jeu, tracez fur chaque Carte vos numeros dans un coin en haut, & les premiers noms & furnoms de vos Cartes ; cela vous le rendra plus facile, jufqu'à ce que, comme moi, vous le fachiez par cœur.

Plus vous fentirez qu'il eft un peu difficile, plus vous rendrez juftice à mes combinaifons. Mais, plus vous le comprendrez, plus vous vous y amuferez. Je vous avoue que moi, qui ai été quelquefois fatigué de parler, j'avois une fecrette joie de voir des Coups finguliers par leurs explications ; & j'ai vu quelquefois en refter un inftant enthoufiafmé ; mais je n'avois pas befoin de réflexion pour fentir combien le hafard entre dans les prédictions qu'elles femblent faire ; & dans leur juftefie celle de toutes les vérités qu'en tirant les Cartes l'on doit le moins perdre de vue, c'eft qu'il n'y a rien fur quoi l'on doive moins compter que fur les événemens qu'elles annoncent.

Ma maniere d'expliquer vous paroîtra bifarre ; mais la quinteffence que je tire de toutes mes fignifications, fait un Jeu fuivi,

comme

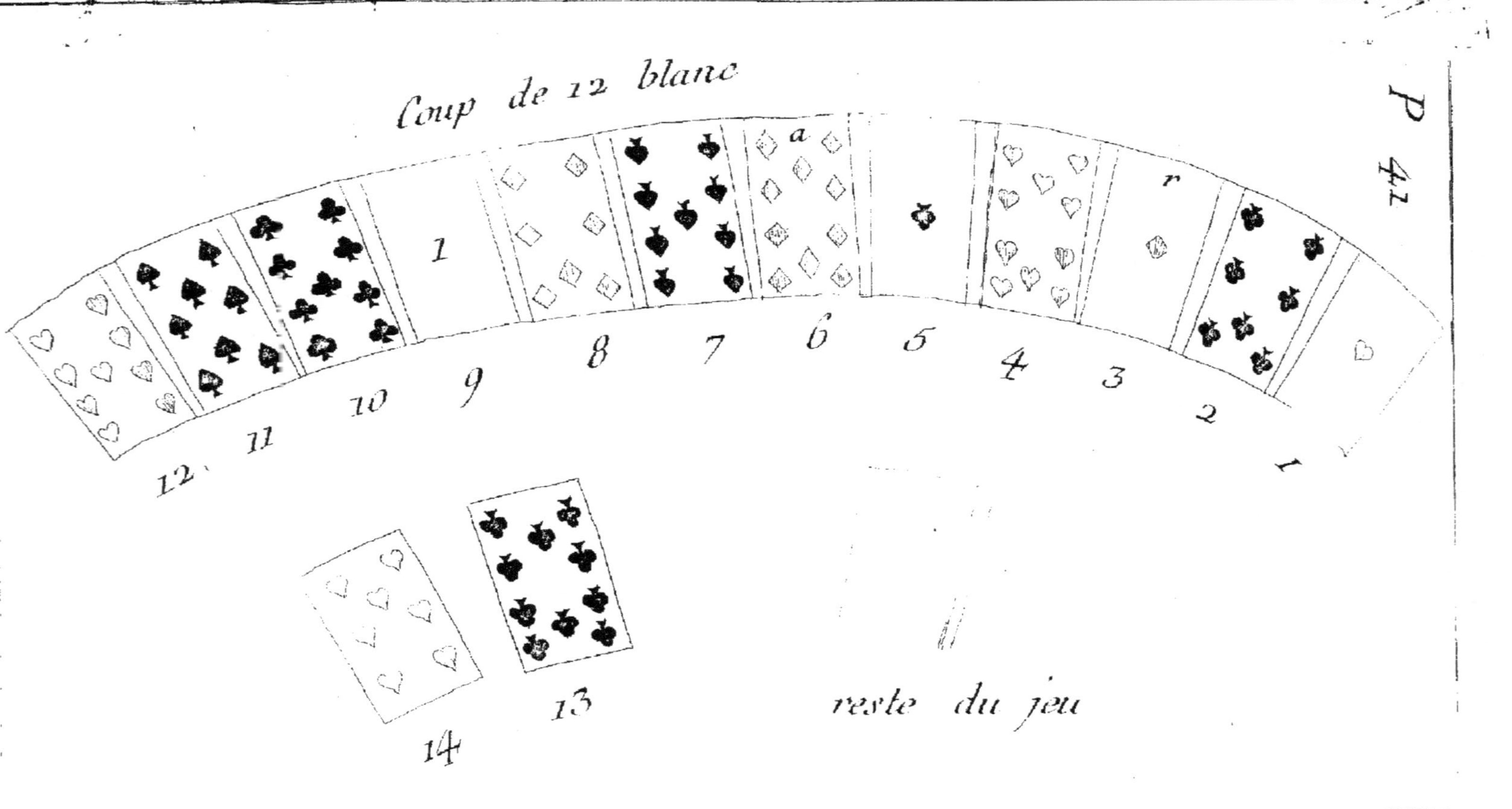

P 41
Coup de 12 blanc
r
a
1
2 3 4 5 6 7 8 9 10 11 12
13
14
reste du jeu

comme vous le verrez , en réfléchissant.
Nota. Que j'ai tiré les Cartes à des personnes très-eloignées , par correspondance de
lettres , en m'envoyant le Coup d'écrit.
Mêlez donc vos Cartes bien pêle - mêle
du haut en bas sans les regarder, & coupez
de telle main qu'il vous plaira , cette réser-
ve n'étant faite que pour les mauvais Tireurs
de Cartes , la pensée seule devant décider
pour le Jeu: de même que l'on peut couper
pour une personne absente.

Après avoir coupé , vous arrangerez ta
Cartes telles qu'elles viennent, une à une, à
la file l'une de l'autre, comme vous les voyez
dépeintes; retournez la treiziéme, & mettez
celle de dessous le talon sur la table, qui est
la quatorziéme , telle que vous voyez par
ce coup , auquel je reviens pour cette Dame que je vous ai dit ; observez que la premiere Carte se trouve vis-à-vis de vous, sur
votre droite, & la derniere en suivant jusqu'à
la fin , telles que vous les voyez numéro-
tées dessous les Cartes ; car tel numero
n'est mis que pour mieux m'expliquer, ou
me faire entendre.

Voilà donc la forme que doit avoir le
premier Coup que l'on appelle Coup de
douze , car les deux du talon , malgré
qu'elles parlent par leurs signification,
elles ne comptent point dans le nombre,

Je reviens.

Cette Dame m'envoya chercher, & après le parlementage ordinaire, je pris mon Etteilla, que je mêlai bien du haut en bas, & après qu'elle eût coupé, je tirai ces 12 cartes sans figures ; je ne manquai point de lui dire qu'elle étoit femme & non homme, telle qu'elle étoit pours lors travestie pour m'éprouver ; observez que ce pareil coup de 12 sans nulle figure, ni le 8 de Tréfle, ni celui de Cœur, ont cette signification : si le 8 de Pique venoit renversé seul dans ce coup blanc, ce seroit une Religieuse déguisée ; si le 9 de Pique sur son assiette venoit seul, ce seroit un Ecclésiastique déguisé.

Si tous les deux venoient dans pareils Coups, poser en signifiant figure, cela briseroit la signification du déguisement, & vous expliqueriez le Coup ; Amant est aussi une figure de même que Beau-pere, le Etteilla venant ou ne venant point, ne dérange rien, elle est d'elle-même Carte blanche : je dis donc que ce Coup venant, toute carte blanche annonce déguisement, rien autre ; car aussitôt l'on refait ce Coup de 12, ce que je refis effectivement tel que le voici, & que je combinai, examinai, qu'après avoir remarqué mon Coup de toute maniere, je retiens ce qui est le plus intéressant

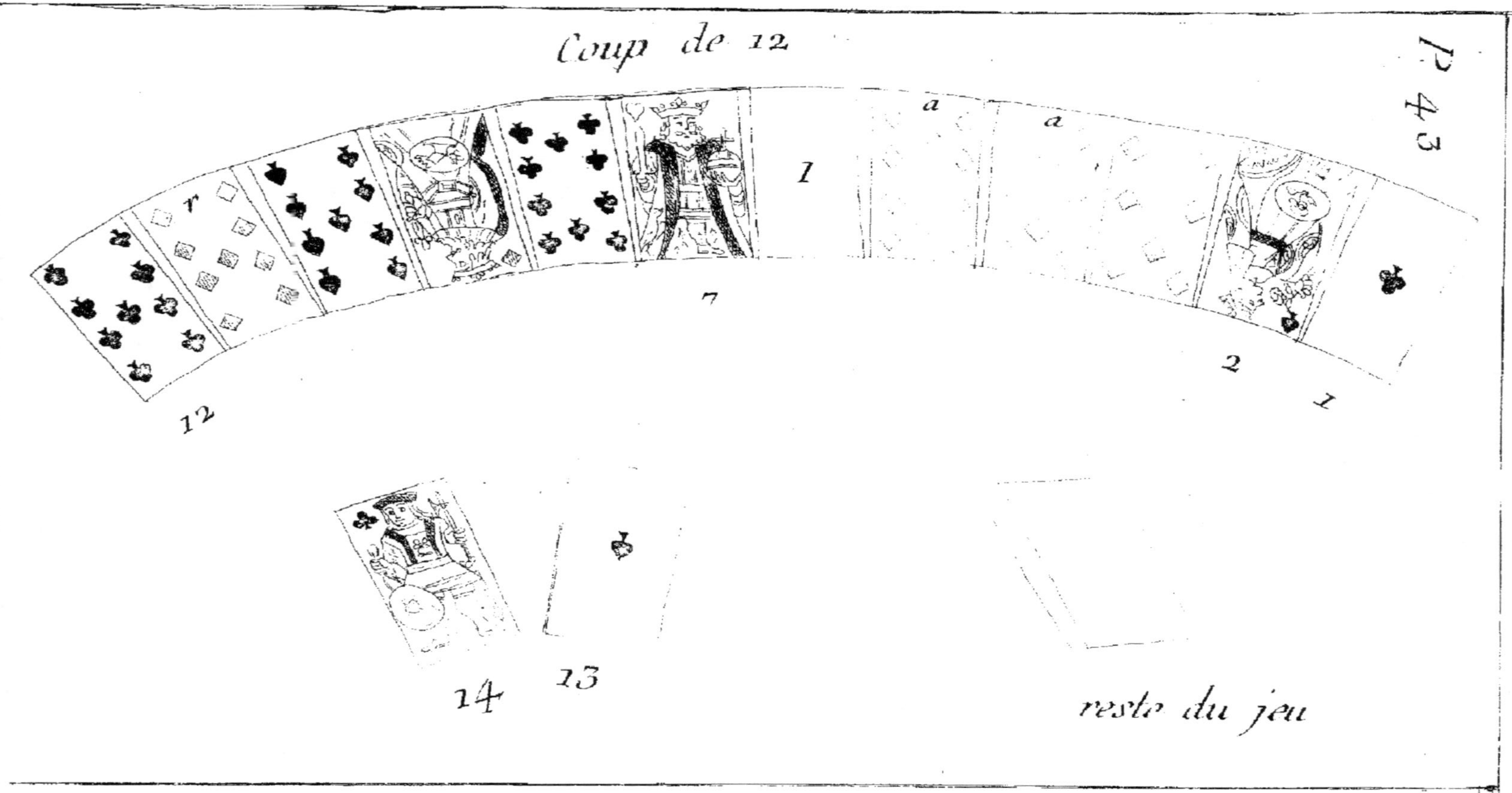
P. 43
Coup de 12
r
12
7
1
a
a
2
1
14
13
reste du jeu

en moi-même, & je l'explique ; mais je reviens à la régle ordinaire.

L'As de Tréfle tel qu'il eſt placé, ainſi de tous les autres tels que vous les voyez.

L'As de Tréfle ſignifie Noble, pour qui? pour la Dame de Pique, qui, comme pre-miere figure, venant en ce Coup de douze, dénote la perſonne pour qui l'on tire les Cartes. Si vous les tiriez pour un homme, vous regarderiez la figure en homme qui paroîtroit la premiere ; ſi le Etteilla paroiſ-ſoit le premier, vous regarderiez la figure ſuivante de ſon ſexe, pour ſavoir s'il eſt brun ou blond ; mais vous reviendriez ſur le champ au Etteilla, comme je le fis. La Da-me de Pique ſur qui l'As de Tréfle tombe, nous dit: La Nobleſſe a donc été trouver la Dame de Pique, oui; en conſéquence je dis que la Dame de Pique ou ſes Ancêtres n'ont point acheté la Nobleſſe, mais qu'ils l'ont gagnée, puiſque la Nobleſſe les a été chercher.

Le numero 26 de l'As de Tréfle ſignifie Rancune, ſur quoi? ſur le numero 18 ſui-vant, qui ſignifie Avarice ; Rancune ſur l'Avarice, Avarice, de quoi ? du Numero 9, qui ſignifie Bon ; Rancune de l'Avarice du Bon, je dis que vous êtes rancuneuſe contre les Avaricieux, de faire le bien ; voilà gé-néralement comme tout ſe doit dériver. Si la premiere Carte fuffit, ou pour mieux dire, explique une chofe nette , vous n'allez pas à une deuxieme; au contraire , vous irez jufques dans le deuxiéme Coup , favoir la terminaifon de la premiere fignification , je fuppofe , fi vous ne la trouviez pas définie dans la Rangée , ou le Coup , & que l'article fût conféquent pour vous.

Je dis donc que la Dame de Pique eſt noble, mais en même tems je la trouve Fille ou Femme du monde ; je la fais tomber fur la Carte fuivante qui m'annonce Naiſſance : je fais bien que cette femme eſt née, puiſque je lui parle ; raifonnons : cette femme vraifemblablement tombant fur Naiſſance , va peut-être m'inſtruire davantage : je vois enfuite Campagne ; je dis, Naiſſance fur la Campagne ; mais avant d'aller plus avant , eſt-elle mariée ? je ne fais point , puiſque rien ne l'annonce : le fera-t-elle ? Nous verrons : mais nous voyons déjà que cette femme eſt noble, née à la campagne, qu'elle ne fe conduit pas bien , &c.

Quelle eſt la premiere fignification la plus fenfible ? Eſt ce le numero 8 de la Carte de la Campagne , qui fignifie Richeſſes? Eſt-ce le 10 de Carreau fuivant , qui fignifie Or ? Eſt-ce fon numero 6 qui fignifie Eau ? Réfléchiſſons , & difons qu'après fa naiſſance , elle pouvoit être riche ; mais que ce qui pouvoir le plus dominer fur fes fens , étoient les Elémens , comme chofe primitive à tout , fur-tout dans cet inftant : je conclus de-là par le raifonnement , que cette femme eft née à la campagne, au bord de l'eau, que je nomme Riviere, qui me fait dire Riviere ; & pourquoi ne dis-je point Mare d'eau , Puifard ? parce que réfléchiffant tout mon Jeu , je trouve *bon* qui m'a guidé dans cette explication indéfinie : ainfi je dis que la riviere étant meilleure qu'une mare , je dois dire *riviere*, & non *mare* : fi je trouvois bon & mauvais , je dirois *mer ;* mais fi l'on dit *femme du monde eft donc bon, le bon étant auffi proche d'elle* , cette raifon eft fauffe , femme du monde eft définie : fuivons le numero 8 ; richeffes , fur qui ? fur Or , n'eft pas terminée : fuivons fur le Etteilla ; quelle eft cette Carte *vous-même* à préfent , la Dame de Pique ne devant être vous , que jufqu'à ce que vous ayez rencontré le Etteilla , ce qui feroit infailliblement au troifieme Coup qui feroit celui du Etteilla , je dis donc, Richeffes & Or pour le Etteilla qui eft vous. Eft-ce préfent , paffé ou avenir ? confultons le Jeu : s'il fe préfente en place de ces trois tems quelqu'autres fignifications fuivies , nous attendrons à favoir le tems dans d'autres coups ; fi cela ne fe préfente plus, nous n'en parlerons point;

car il n'eſt pas poſſible de dire choſe que l'on ne ſait pas. J'ai vu tirer les Cartes pour des affaires particulieres & ne pouvoir les rencontrer, parce qu'il ne ſe préſentoit point un Tireur de Cartes, tels que ceux que j'ai ſous - entendu , auroient trouvé l'affaire du premier Coup ; c'eſt au moins pour votre argent , ce qu'il vous auroit fait croire , ou ce qu'ils auroient cru eux mêmes , comme les Bourgeois qui n'en ſavent pas davantage ; car ſouvent ils diſent que la mort d'une Belle-mere ſignifie la perte d'un procès , &c. Le Etteilla tombant ſur le Roi de Cœur qui , comme vous voyez à côté , & qui ſignifie Cloître , termine la ſignification des richeſſes ; car Cloître & Richeſſes n'eſt pas d'accord avec les gens du monde : je dis donc Cloître , pour qui ? pour celui pour qui je tire les Cartes , parce que cette ſignification ne doit point varier : eſt-ce préſent ? non ; le paſſé qui ſuit vous dit que cela a été , par qui ? par le numero 2 ſuivant qui eſt votre pere , qui lui-même ſe trouvant entre paſſé & Saturne, me fait dire qu'il eſt mort , le paſſé étant tombé ſur lui , lui ſur Saturne ; ſi le paſſé n'étoit point là , je ne dirois point qu'il eſt mort , les Cartes ſe devant toujours réfléchir par le plus ſenſible.

Mais revenons au Roi de Cœur ; c'eſt

un homme blond qui tombe fur Amant, je dis que vous avez un Amant, qu'il eft blond : fi votre Amant tomboit fur blond, je ne dirois point cela ; car il lui feroit impoffible d'aller chercher fa couleur, mais bien la couleur qui l'eft venu trouver : tout cela eft affez facile à entendre ; il ne faut que combiner & réfléchir un peu pour que vous foyez fatisfait. N° 10, remarque dans la figure pour qui , pour la premiere perfonne qui vient après ; s'il n'y en avoit pas, ce feroit pour le Roi de Cœur : mais cet Amant, car Amant eft une figure, en conféquence je dis qu'il eft blond & marqué dans la figure.

Suivons votre pere par l'enchaînement du Cloître à tomber dans Saturne ; mais voilà par contre-coup un homme que vous connoiffez, qui y tombe auffi ; car toutes les figures qui viennent dans votre Jeu font de vos connoiffances, foit que vous le fçachiez, ou que vous l'ignoriez : mais cet homme n'y eft pas encore ; car tomber fur Saturne, ou Saturne fur la perfonne, eft différent ; Saturne retombe fur entreprife, c'eft-à-dire qu'il fera mourir une entreprife, de quoi? d'un préfent qui fuit, avantage au Jeu. Les deux du talon, vous êtes groffe d'un garçon ; je ne vous vois point mariée; nous pourrons le fçavoir dans l'autre coup , de même qu'Efprit, rapport à ce que l'as n'a qu'une fignification, & qu'Efprit eft le dernier du Jeu. Si Efprit étoit dans un coup & qu'il n'eût pas de rapport aux Cartes qui le fuivroient, ni à celles de devant, je dirois Efprit pour vous.

Mais voyons l'âge, c'eft ordinairement par où l'on commence, lorfque le coup n'eft pas blanc ; néanmoins vous ne pouvez guères voir votre âge vous - même, comme plufieurs minuties, dont vous êtes pertinemment fûr : mon Jeu eft un amufement qui, comme je l'ai déja dit plus haut, ne veut point être contrarié. Revenons à l'âge de cette femme que j'ignorois : après le Etteilla je prends le fecond N° fur fon affiette, parce que le premier ayant fait une triple explication dans le premier coup, ce que vous pouvez vérifier, il n'en peut faire quatre ; le N° 27 eft renverfé, il ne compte point de deux manieres, tant parce que ce N° eft plus haut qu'il ne faut pour les deux fexes, que parce qu'il eft renverfé; le N° 2 non plus ; le 7 eft renverfé ; le N°. 28 ne peut compter de deux manieres, & en faifant la roue, le 26, le 18, le 9, tout cela ne compte pas ; mais le N° 8 fur fon affiette compte : difons donc, 13 fois 8 font 104 ; le quart eft 26 ; à préfent je regarde le premier N° enfuivant, qui ne doit compter

ter qu'en deuxiéme: pour des mois, je n'en vois pas ; je dis donc à la perfonne : Vous avez 26 ans jufte.

Voyons à préfent les enfembles des douze , car les deux du talon comptent toujours féparément. Trois neuf, vous avez été imprudente, rapport au paffé qui eft dans le coup ; vous devez bien fentir que fi j'avois vû avenir après paffé , ou en faifant la roue en place du Roi de Cœur & des autres avant, de même que préfent, j'aurois dit : Vous ferez imprudente ; mais imprudente de quoi ? l'on confulte tout le plus fenfible du jeu, & on le nomme, comme, par exemple, d'Amant de Cloître.

Il n'y a pas d'autres enfembles; voyons les rencontres de vos N° : le 26 & le 28 ne difent rien ; le 18 & le 7 non plus ; le 9 & Saturne , qui n'a pas de N° , ne peuvent compter ; le 8 & le 2 ne comptent pas ; le 6 & le 27 ne comptent pas ; le 1 & le 10 non plus : dans ce coup il n'y a pas de N° de rencontre ; mais par combinaifon , dans ce coup ne voyez-vous point comme moi que cette femme a commencé à donner dans le faux à la campagne, & non à la Ville qui n'y eft pas ? Relevez vos Cartes de cette maniere une à une dans votre main. Nobleffe tombe fur Jeu, votre nobleffe va aux jeux, en la rifquant par votre conduite:

rancune fur un préfent, rancune qui naît d'un préfent : femme du monde, fur avantage, de quoi ? d'avarice ; fuivons, fur entreprife, un peu de réfléxion, & comme moi, vous direz dans fon état, cette femme entreprend avec avantage, parce qu'elle eft avaricieufe. Naiffance fur Saturne : bon ne dit rien, ne retombant fur rien ; mais votre naiffance s'en va mourante, & par contre-coup, égard à votre Jeu, je dis que le bon de votre naiffance périclite : ce bon n'eft pas une régle, je le dis rapport à l'enchaînement du Jeu que j'ai vû.

Campagne fur pere, nous l'avons vû mort, en conféquence je dis que c'eft à la campagne ; il faut, pour expliquer cela ainfi, réfléchir & prendre le fenfible. Richeffes pour un homme de vos connoiffances : or que vous avez eu dans le paffé, mais n'en dit pas plus ; eau pour Amant ; il vaudroit mieux qu'il eût du vin, il le vendroit, cela entend qu'il périclite ; mais peut-être, me direz-vous, fi ces deux Cartes viennent ainfi pour plufieurs Amans, ils fe trouveront qu'ils auront toujours eau: oui, toujours bienheureux fi ces deux Cartes ne retombent point fur Saturne ; d'ailleurs, faut mieux qu'eau tombe fur eux qu'eux fur l'eau, il y a moins de rifque. Etteilla, qui eft vous-même, tombant fur

un homme , cela annonce quelque chofe ;
nous verrons dans un autre coup de même
que remarque dans la figure , qui ne dit
plus pour qui. Dans les deux du talon je n'y
vois ni enfemble de Cartes , ni rencontre
de N°. Le coup eft fait , fi j'en exempte ,
qu'en le combinant bien , l'on pourroit encore y trouver quelques petites chofes ,
comme j'ai vû à cette femme , qui donnoit
dans le faux à la campagne ; mais je n'y
vois rien qui foit bien intéreffant.

Si vous lifiez ce coup fans mettre les mêmes Cartes fur la table , & que vous luf-
fiez auffi promptement que vous liriez une
hiftoire , il fe trouveroit qu'à la fin vous
auriez perdu votre tems. Ce Livre demande à être lû doucement , & à être réfléchi ;
& fi vous dites ne point m'entendre , c'eft
que vous allez dix fois trop vîte.

Paffons au deuxiéme coup : on en tire
27 , & on les pofe 9 à 9 , tels que vous
les voyez ; les fix derniers eft ce que l'on
met au néant , & ce qu'il faut expliquer
comme chofes dans la vie que l'on met au
rebut.

Pour les fignifications des **Rois, Dames,**
&c. enfemble , on les rencontre des Numeros deux à deux.

Vous ne les expliquerez que dans chaque rangée des 9 , & non dans les 27 enfemble ; mais ce n'eft pas tout, l'on ne pofe point ces Cartes comme le coup de 12 ;
l'on met la premiere venante après la coupe
au N° 1 , la deuxiéme au N° 19 , la troifié-
me au N° 10 , & l'on recommence jufqu'à
27 en fuivant la même route : je vous prie
de me fuivre de point en point.

Voyons , expliquons ce coup ; mais vous
devez vous reffouvenir qu'il faut , avant
toutes chofes , combiner fi dans les vingt-
fept Cartes il ne s'y trouve pas un coup entier intéreffant , ce qui eft des plus effen-
tiel ; je reviens comme fuppofant n'en
point voir : le Valet de cœur tombant
fur le Valet de Carreau , nous dénote un
garçon chatain - blond , devenant Domeftique ; le N° 12 dénote enfant , tombant fur
le 4 , qui dit parent ; je dis donc que c'eft
un enfant , jeune homme de vos parens,
qui va fe mettre Domeftique : mais j'apper-
çois trois as renverfées , & deux Valets
avant renverfés ; cela me paroît affez intéreffant ; pour réfléchir , ces deux Valets
fignifient focié é ; ces trois as libertinage ;
en conféquence je dis que vous êtes en
fociété de libertinage , ce qui me donne
foupçon que vous n'êtes point marié ; cela
n'eft pas une affez grande preuve ; conti-

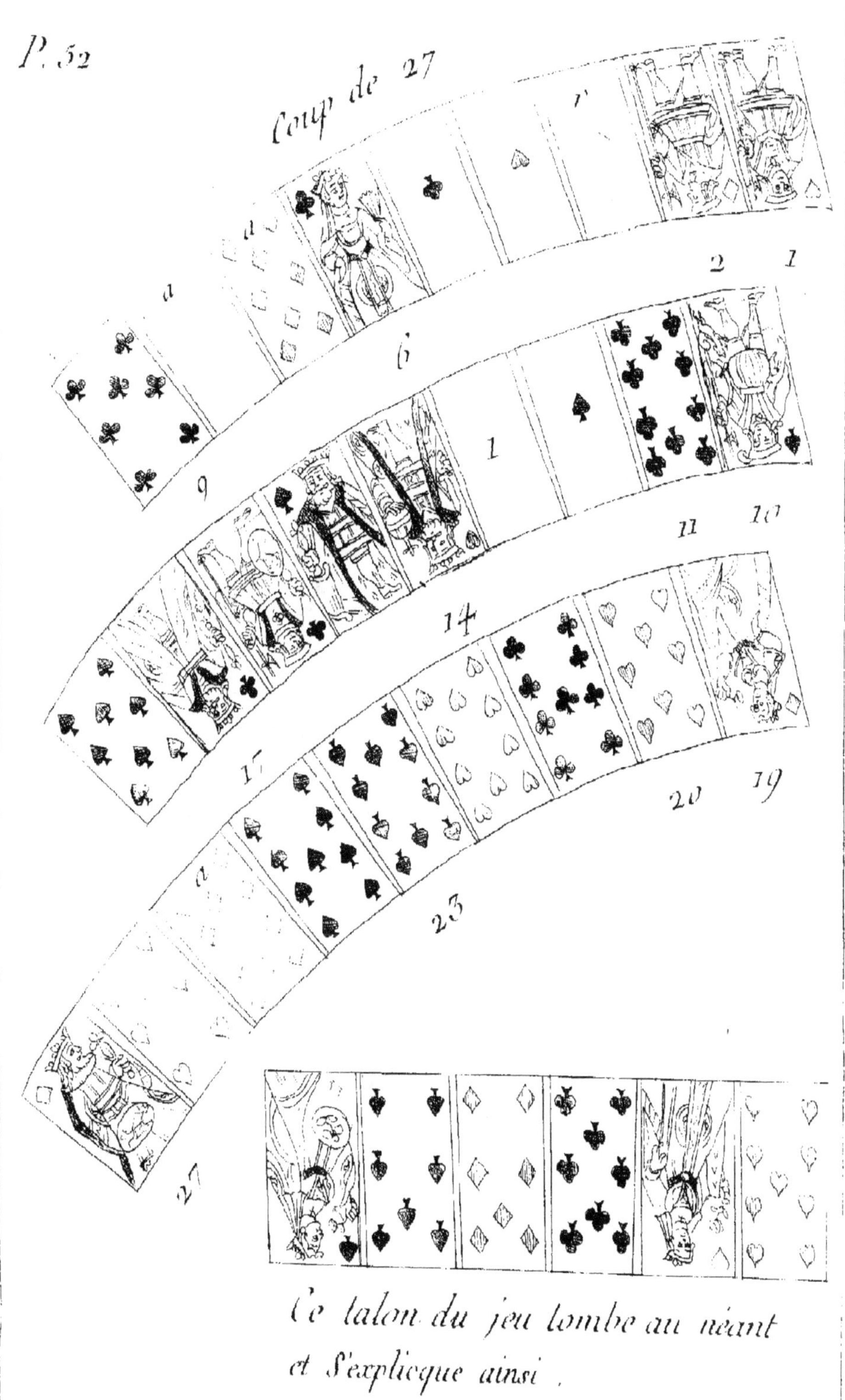

Ce talon du jeu tombe au néant
et s'expliecque ainsi.

nuons: Billet sur Table extraordinaire : vous voulez en fçavoir davantage , combinez ces neuf Cartes , & vous verrez que ce Billet vous sera apporté par un Domestique provenant d'un chatain-blond , & que cette Table extraordinaire se passera avec une femme brune sur qui la Table retombe : beau-pere tombant sur noblesse , car Table a compté dans ce premier coup , je dis que vous avez un beau-pere , en conséquence que votre pere est donc mort ; vous voyez bien que c'est votre beau - pere qui a été chercher la noblesse , en conséquence qu'il l'a achetée ; car la noblesse vient à mesure qu'on la gagne sans l'aller chercher: or je peux supposer qu'il n'est pas noble, en attendant que le jeu me confirme davantage.

N° 26 , rancune, tombant sur une femme brune , c'est une femme à qui vous en voulez, rapport à des bavardises faites sur la campagne ; son N° 8 Richesse tombe sur retard , vous tarderez à être Riche , mais vous le ferez, car ce retard tombe sur argent ; N° 7 tombe sur 30, pauvreté sur haïne ; la pauvreté vous fera haïr ; je dis que c'est vous qui haïriez quelqu'un rapport à sa pauvreté ; ce qui seroit le contraire si le N° 30 tomboit sur le 7 : deux Valets, Société ; trois As, libertinage ; je l'ai

dit dans le commencement de mon coup ;
je ne vois aucun N° de rencontre ; relevez
ces neuf Cartes ; le Valet de Cœur & le 7
de Trefle, un chatain-blond qui tombe fur
haîne ; fon N° 12 du Valet, un de vos enfans qui tombe fur argent, un Domeftique
qui tombe fur pauvreté ; il eft dans votre
Jeu, ainfi il a du rapport avec vous, foit par
connoiffance, &c. Son N° 4 un de vos
parens, qui tombe fur retard de vous parler, ou de fes affaires, un Billet tombant
fur Richeffe, que vous envoyez. N° 5,
votre beau-pere qui eft à la campagne, Table extraordinaire tombant fur bavardife ;
c'eft à la Table que nous avons vû déja
qu'il y fera tenu des paroles ; une femme
de vos connoiffances, tombant fur nobleffe,
rancune au néant.

Tous les coups de Cartes en général,
s'expliquent comme j'ai déja dit touchant
le plus intéreffant, c'eft-à-dire qu'il faut
facrifier tout ce qui ne porte pas coup, pour
ce qui nous intéreffe, en obfervant néanmoins d'y revenir après ; car telle chofe
qui n'exifte point, pourroit, fi elle exiftoit,
être beaucoup intéreffante pour nous: vous
voyez que dans ce coup de neuf j'ai expliqué deux Valets & trois As, fans attendre
à la fin, comme dans mon premier coup ;
mais c'eft qu'en réfléchiffant les neuf Car-

tes, je vois ces cinq senſibles comme choſe intéreſſante.

Revenons à la deuxiéme rangée: je combine mon coup, j'y vois une explication
dans les premieres Cartes, je commence
par les expliquer; un Eſpion tombant ſur
Amant; Amant tombe ſur Vénus; Vénus
ſur le Etteilla, qui eſt vous; le Etteilla à
côté du Roi de Cœur, qui dit Cloître, &
par ſon N° 10, Tuteur à côté d'un homme
de robbe, un frere & un époux enſuivant
qui tombent ſur maladie; je reviens à la
premiere, je vois rapt dans le paſſé touchant Vénus tombant ſur vous.

Voilà comme j'explique ce Coup, c'eſt-
à-dire comme je le mets en régle. Vous
avez été enlevée dans le paſſé par amour
d'auprès de votre époux qui en fut malade;
un eſpion viendra vous prendre avec votre
amant dans les plaiſirs, & vous renfermera;
& quatre perſonnes, dont eſt votre époux,
votre frere, votre tuteur & un homme de
robe, ſe conſultent pour votre cloiture; je ne
vois nul empêchement ni manque; je dis
donc d'après cela, que vous êtes marié,
que vous avez été enlevée, & que vous
ferez renfermée à ce ſujet, parce que vous
ne l'êtes pas à préſent, & que le paſſé ne
s'entend que pour la poſſibilité. Il faut à
préſent reprendre tous les noms des Cartes

qui n'ont rien dit, & laiffer les fignifications qui ont parlé : chatain brun de vos connoiffances tombant fur fcience, un garçon & un homme brun qui s'entretiennent de vous avec prudence. Voici l'enfemble ; 2 valets, fociété ; 2 rois, projet ; il n'y a pas de rencontre de n°. non plus dans ces neuf Cartes : relevez vos Cartes ; Efpion tombe fur prudence, cet efpion qui vous prendra fera prudent ; numero 19 , enlévement fur maladie ; double fignification dans l'événement du cloître ou de la prifon que vous devez attendre ; amant tombant fur époux, je dis que votre amant connoît votre époux. Paffé fur homme chatain - brun , homme que vous ne voyez plus. Vénus tombant fur votre frere , je dis que les plaifirs cherchent votre frere , & non lui les plaifirs : vous tombant fur fcience , un homme de robe tombe fur tuteur ; explication entre eux deux rapport à vous ; un homme blond que vous mettez au néant ; à la troifieme rangée une femme, enfuite une fille blonde, ce font deux perfonnes que vous connoiffez : le numero 3, c'eft votre mere ; le numero 15 , elle eft avec des fleurs, héritages en perte ; indifcrétion de votre mariage forcé pour vous ; car il n'y a pas d'autres figures. Eccléfiaftique entre le feu & l'eau , difcorde entre vous & un Eccléfiaftique. Or dans

votre

votre penſée ; Cœur pour un homme, fidélité s’en va. Voyons l’enſemble ; a dix,
vous attendez, quoi ? ſuivons, 15 & 16, qui
ſont les numeros de rencontre, la paix vrai-
ſemblablement pour vous en retourner dans
votre patrie, ou pour mieux dire, la paix que
vous préméditez faire avec votre mere & votre famille, qui ſuivent dans le relevé de vos
Cartes ; ce qu’il faut faire à préſent ſuivant
la régle, les prendre dans votre main une à
une en les nommant ; femme qui vous eſt
fidelle, votre mere qui parle à un homme,
fille blonde dans votre cœur, fleurs dans votre penſée ; vous les aimez beaucoup, ou
haïſſez beaucoup ; mais je ne puis vous
dire lequel des deux, ne le voyant point à
préſent ; effets qui tombent, ou ſont ſur
l’eau pour vous; indiſcrétion d’or, héritage
d’un Eccléſiaſtique ; mariage forcé en perte, feu au néant, cet élément s’éloigne de
vous.

Voyons le talon ; vous mettez au néant
la victoire, ſon numero 14, la curioſité de
ſavoir ſi vous aurez une Belle-Mere. Vous
mettez au néant une femme chataine-blon-
de, votre éloignement ; c’eſt à-dire, que
vous vous rapprocherez de votre patrie :
vous mettez au néant une fille chataine-bru-
ne, le bon de votre naiſſance, l’amitié,
l’indéciſion, l’avarice, & une femme du

H

monde, voilà votre coup de 27 fait.

Passons au troisieme qui eft le coup du Etteilla ; il fe fait de deux manieres, quoiqu'il fe pofe de même.

Voilà la route qu'il faut fuivre pour une des manieres de l'expliquer : après les avoir pofées fur table telles que vous les allez voir, l'on combine tout le coup entier, & l'on annonce ce qu'il dit comme les numeros deux-à-deux, c'eft à-dire d'une carte à l'autre, dans chaque rangée, les enfembles de 4 rangées, comme 4 rois fur leurs affiettes, 3 dix renverfés, &c.

Enfin l'on doit regarder tout ce qui parle dans tout le coup, excepté comme j'ai dit dans les deux numeros de rencontre qui ne fe voyent que dans les 4 rangées l'une après l'autre feulement. Quand tout eft bien expliqué, qu'il n'y a plus rien à voir, l'on commence à l'as de tréfle, & l'on fuit de cette maniere.

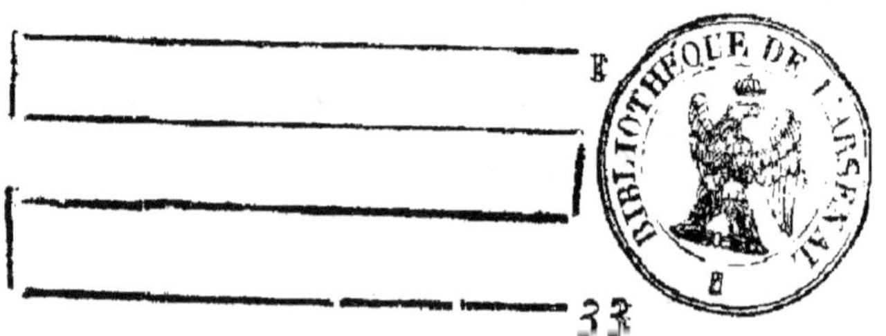

En retournant fur fes pas, & difant, Etteilla, As, Roi, Dame, Valet, Dix,

Neuf , Huît & Sept , Etteilla , Roi , &c.

Si le Etteilla vient en le nommant , l'on continue toujours de le prononcer tout comme s'il étoit resté , & à mesure qu'il tombe une Carte que vous nommez , vous la mettez sur la table de cette maniere.

La premiere à l'A , la seconde au B , ainsi des autres en suivant : lorsqu'il n'en sortira plus , vous releverez le reste de vos Cartes , vous les battrez , couperez , & vous regarderez les deux Cartes dont l'une sur le talon , & l'autre de dessous , que vous expliquerez, ainsi que toutes les Cartes telles qu'elles sont venues, comme au coup de douze.

Mais passons à ce coup du Etteilla pour cette femme. L'on place ces Cartes une à une de cette maniere, comme pour l'autre coup que je viens d'expliquer ; ensuite l'on combine tout le Jeu, en prenant d'un bout à l'autre les 8 en travers , & les 4 en hauteur. Si dans les 33 il s'expliquoit un grand coup suivi sans nulle interruption comme le sujet d'une grande affaire , son commence-

ment, ſes hauts, ſes bas, & ſa concluſion,
vous les expliqueriez tout de ſuite, & reviendriez ſur vos pas; mais il faut que toutes
les Cartes une à une parlent, ſoit de nom,
de ſurnom, de contre-coup, &c. Je répé-
te donc qu'auparavant de commencer ce
coup, il faut, comme tous les autres, le
bien combiner, & après, ſuivre cette route. Commençons par les huit premieres; je
découvre une explication trop marquée
pour ne pas l'expliquer; je reviendrai bien
après; c'eſt ainſi qu'il faut faire à tous les
coups; je dis que voilà ce qui me frappe le
plus.

Le numero 26 & le 5, mauvais, tombant ſur le Etteilla, le Etteilla ſur Saturne, Saturne ſur Eau, Eau ſur Amant,
Amant ſur Empêchement, Empêchement
ſur bon, il ne faut qu'un peu de réflexion
pour expliquer ce coup. J'ai dit plus haut
que Eau, accompagnée de bon & mauvais,
ſignifioit Mer; je vous vois, votre amant &
vous, tomber ſur de mauvaiſes Cartes; je
vois après un empêchement tombant ſur
bon; je dis que vous & votre amant avez
manqué de périr ſur mer, en conſéquence
que vous avez donc voyagé ſur mer; ſi Saturne n'y eût pas été, que mauvais n'eût
point tombé ſur vous, j'aurois dit ſimple-
ment que vous avez voyagé ſur mer; mais

Coup du Etteilla

8   2 1

a   a 1

17...   9

25..   ...18

...26

33 30 27

ce qui me fait dire que cela a été, c'eſt que le paſſé ſe trouve dans ce coup; mais reprenons ; bourſe d'argent tombant ſur vous , c'eſt-à-dire qu'il vous viendra de l'argent, ſans que vous l'alliez chercher : Orphelin tombant ſur Saturne , Or ſur Amant, Eau ſur le paſſé , j'ai expliqué cela ; Ennui ſur Naiſſance d'être né ; Empêchement ſur bon d'une lettre , ſolitude pour une femme brune , bavardiſe qui cauſera du chagrin ; fin tombe ſur héritage , c'eſt un mot à deux entendre; mais le plus ſenſible rapport au jeu de cette femme, eſt qu'elle héritera avant peu ; mariage forcé pour garçon brun ; eſprit & argent ſur eſpérance, par un tour de votre eſprit vous aurez l'argent que vous eſpérez ; haîne ſur force n'eſt pas définie, ſur qui ? ſur ou contre une femme blonde ; inconſtance ſur chataine - brune ; éloignement ſur entrepriſe ; avantage ſur un homme que vous aurez ; fidélité ; ſi vous réfléchiſſez , vous verrez que j'ai, contre la régle, ſuivi une route différente; mais j'y ai été contraint : j'arrête à fidélité qui ne me paroît point avoir beaucoup de rapport avec préſent , & je reprends préſent ſur un homme blond ; c'eſt vous qui le ferez ; Jeu ſur un homme remarquable dans la figure ; homme de robe tombant pour vous ſur Vénus ; ſcience ſur pleurs ; Vénus entre ces

deux Cartes donne à réfléchir par contre-
coup , d'où proviendra cette science & ces
pleurs : vous allez prendre garde encore
que je m'écarte de la route ; jalousie sur
femme , je devrois dire sur air ; mais femme ne seroit pas expliquée ; car il faut que
je suive ; votre jalousie donc tombera sur
une femme ; sera-t-elle brune ou blonde ?
courez le jeu & voyez laquelle couleur premiere se rencontrera en femme, ou fille; c'est
le huit de Cœur , elle sera blonde. Revenons ; air , j'arrête , car il ne signifie rien;
en le faisant retomber sur domestique , je
reprends la régle dans la premiere explication , & je dis ; Domestique malade,
parens prudens, femme du monde sur chataine - blonde , avarice sur sœur , garçon
blond sur desir , généreux par hypocrisie,
envoyé sur commerce, compagnie d'un
homme , époux reste ; Etteilla à côté du 9
de Pique , vous êtes humaine.

Voyons les rencontres de vos n°s 26 & 5;
nous l'avons expliqué en commençant le
24 & le 7 , défunion ; 28 & le 3 , vie extraordinaire : dans tout le coup je ne vois
que ces trois rencontres de n°. Voyons à
présent l'ensemble des Cartes.

Trois Rois , vous vous consulterez ;
trois Dames , vous serez trompé par les
femmes; trois Valets , dispute ; 4 As, Lo-

terie : il faut confulter s'il y a bon ou mauvais ; mais mauvais s'y étant trouvé en commençant, c'eft pourquoi vous attendrez un moment plus favorable pour y mettre ; deux dix , changement ; deux autres dix, attente; quatre neuf, ufure : je ne vois point que cette femme foit à préfent ufuriere , mais cela commence à m'annoncer qu'elle pourra le devenir ; trois huit, fpectacle ; deux fept , petite nouvelle ; deux autres fept , conduite. A préfent ôtez le Etteilla du Jeu, mettez en place la Dame de Tréfle: relevez vos Cartes.

Bourfe d'argent fur prudence, vous recevrez de l'argent dont vous uferez prudemment : orphelin malade , chagrin fidele, chagrins qui dureront; fin pour un homme; femme brune avare ; bavardife fur femmes du monde; héritage fur jeu, vous y jouerez votre héritage ; mariage forcé par préfent, Saturne fur fœur, garçon chatain - brun , remarquable dans la figure , efprit fur homme blond ; or venant généreufement, eau fur garçon blond, argent fur fcience ; haîne tombant fur un homme de Robbe , Amant hypocrite; paffé tombe fur defir, efpérance de Vénus ; ennui de compagnie, empêchement d'envoyé , femme blonde jaloufe , inconftance qui fera pleurer , naiffance fur travail , chataine - brune fur air , éloigne-

ment d'une femme , Lettre de votre époux;
folitude fur homme, entreprife fur parens :
l'on reprend , fi l'on veut , les huit en travers de la même maniere ; mais je ne vois
rien de plus intéreffant à l'hiftoire de cette
femme que héritage au loin , fidele Domeftique , préfent d'air , homme blond jaloux,
remarques qui lui proviendront de ces
pleurs , maladie pour fon époux , labeur
dans fon état.

Je vous ai dit que lorfque quelque fignification dit des chofes peu intéreffantes
pour vous, on les doit paffer; comme fi je
vous racontois que le Grand Turc eft le
vainqueur ou le vaincu du Grand Mogol.
Paffons à la Roue de Fortune : voilà comme elle fe fait.

L'on aura un foin particulier de ne point
fe tromper aux fignifications de la Roue ,
lorfque l'on la fera. Chofe principale, il
faudra fe reffouvenir que le 8 de Tréfle , le
8 de Carreau, l'As de Pique, tels qu'ils
font pofés, font fur leur affiette, que le Roi
de Tréfle le Valet de Pique, le 9 de Tréfle
eft renverfé, ainfi de regarder les autres ,
ce que l'on verra aifément en retournant la
Roue , comme au chapiteau le Roi de
Cœur eft renverfé , le 7 de cœur fur fon
affiette.

Avant

eur,
ces ;
ra-
is
te
me-
ux,
ces
rui
al.
res
je
la
ol.
n.
nt
e,
il
le
ils
Roi
he
s,
la
de
e
on
ais

Coup de la roue de fortune.

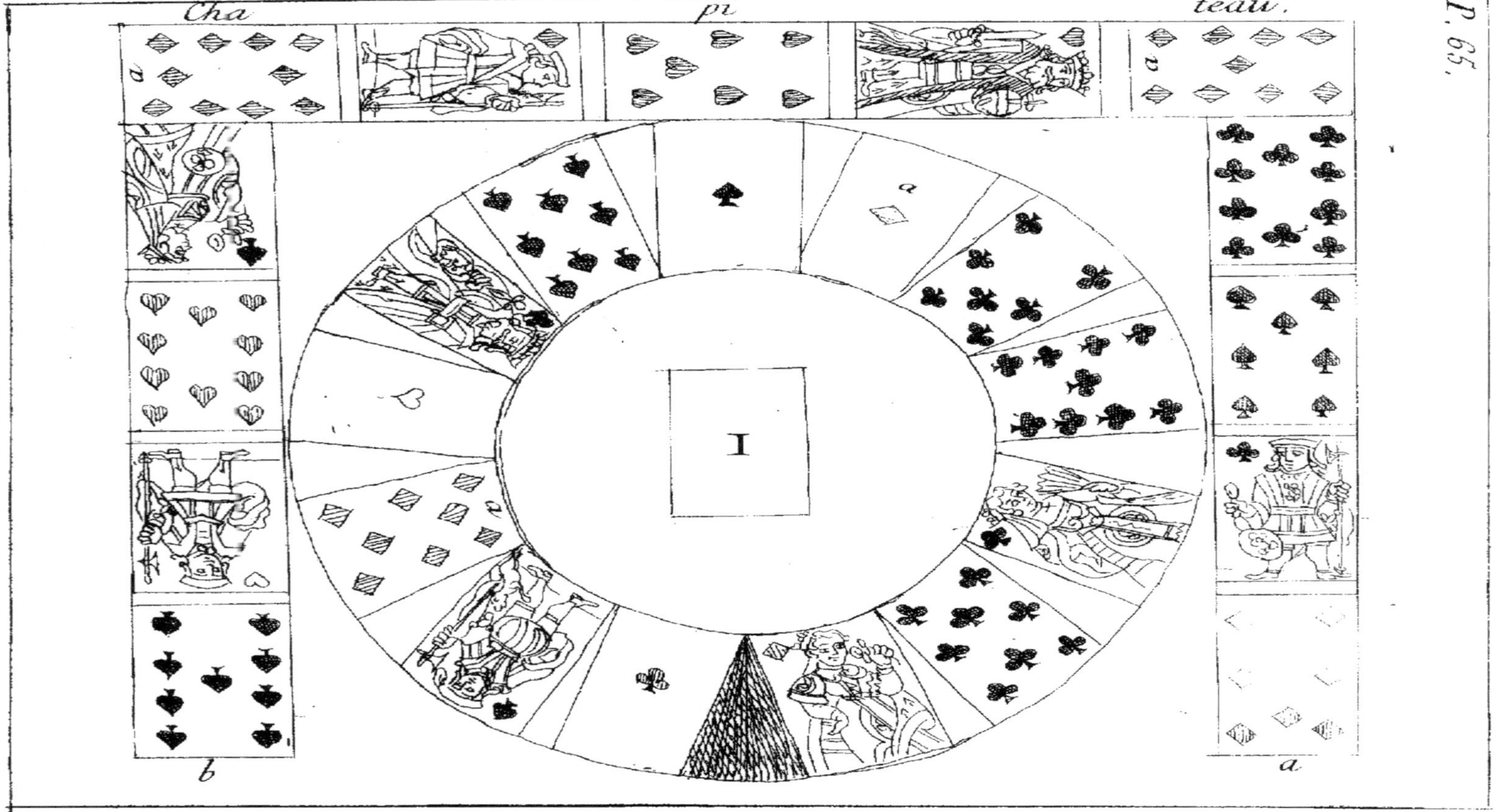

Avant tout l'on prend le Etteilla, & l'on
le met où vous le voyez ; après l'on bat, &
l'on coupe à l'ordinaire , & l'on pofe les
deux colonnes en commençant par le bas A
& B. L'on fait après la roue en commençant par la Dame de Carreau , & en dernier
l'on pofe le chapiteau. La colonne A, eft le
paffé ; la colonne B, eft l'avenir ; le chapi-
tau eft le préfent ; les 4 premieres de la
roue s'expliquent avec la colonne A , les 4
dernieres avec celle B , & les 5 du milieu
avec le chapiteau qui eft le préfent ; de maniere que vous pofez vos Cartes en fuivant
le plan que j'ai tracé , & vous dites , le Etteilla à côté de la Dame de Carreau, fignifie Caractère, le 9 de la colonne qui dit bon;
la perfonne dans le paffé a eu le caractère
bon ; ainfi toujours de même deux-à-deux:
obfervez qu'il n'eft pas dit que la perfonne
l'ait mauvais ; à préfent en général l'on ne
peut dire ce que l'on ne voit pas : à côté
du 8 de Tréfle, & le numéro 25 , la perfonne étoit foible d'efprit, n'eft pas pour cela dire folle , mais pas beaucoup expéri-
mentée ; à côté de la Dame de Tréfle, elle
a été injufte dans fes forces , c'eft-à-dire ,
qu'elle n'a pas eu affez de forces pour fe
vaincre; à côté du 9 de Tréfle, ingrate pour
l'avenir , c'eft-à-dire , faire des folies ,
jeune.

I

Voyons préfentement l'avenir ; à côté de l'As de Tréfle, vous ferez mis en prifon; par Saturne, veut dire par la mort de quelqu'un ; à côté du Valet de Pique, Mariage double, & enfant ; vous ferez marié deux fois, & vous aurez des enfans des deux mariages ; à côté du 8 de Carreau, vous ferez fage & envieux, c'eft-à-dire, fage conduite ; à côté de l'As de Cœur, vous ferez méfiante & avaricieufe.

Voyons le préfent ; le Etteilla à côté du 7 de Tréfle, imagination fur pauvreté; vous vous imaginez être plus pauvre que vous n'êtes, parce que vraifemblablement votre oftentation n'eft pas remplie; à côté de l'As de Carreau, preffant befoin de Tuteur, vraifemblablement, qui vous dirige mieux que vous ne faites ; à côté de l'As de Pique, Abandon de votre cœur ; à côté du 8 de Pique, Solitude de parent ; à côté du Roi de Tréfle, inimitié fur l'eau.

Jai fait par-tout quelques abbréviations ; mais qui n'entend point qu'inimitié fur l'eau veut dire qu'on n'eft pas porté pour être deffus, c'eft-à-dire, d'aller fur l'eau ? voilà la premiere explication faite : il faut à préfent revenir fur nos pas, en fuivant la même route, & combiner tout ce qui va fe rencontrer. Dans les Cartes du paffé, deux Dames amies, deux à deux; Naiffance tom-

be fur l'air, c'eft à-dire, lorfque vous vin-
tes au monde, vous étiez en plein air ; Bon
fur femmes, quelques femmes vous étoient
bonnes, Garçon brun de vos connoiffances
tombant fur Art, c'eft-à-dire que vous con-
noiffiez un homme à talent ; Efprit fur une
fille brune ; Efpérance que vous avez eu fur
des bavardifes, c'eft-à dire que vous avez
efpéré fur des paroles quelque chofe qui n'a
point eu lieu ; Force pour une femme brune, Maifon fur Jeu, l'on jouoit dans votre maifon ; Avenir fur un préfent, dans la
colonne du paffé, voilà comme je dérive
cela ; des préfents qui font encore à venir,
que vous efpérez, & que vous pour-
rez avoir. Voyons l'avenir. Les n° 19 & 12
des n° de rencontre défignent que vous ferez politique ; 2 As, que vous ferez dupés,
relevez vos Cartes ; Mortalité, pour une
bourfe d'argent dans l'avenir; Chatain blond
fur Rapt ; Enfant fur Efpion ; Ville fur
Fin, je dis que c'eft à la ville que finira le
feu de votre vie; Envieux fur Chagrin, qui
vous caufera du chagrin; Femme du monde fur Mars, vous ferez toujours Femme
du monde, & occupée, vraifemblablement,
de pour & contre. Il y a de quoi réfléchir
dans cet avenir, & pour voir ce qui ne
parle qu'à moitié, l'on refait un coup
de douze, qui dans la penfée doit être

ſour l'avenir. Voyons le préſent.

Retard ſur haîne ; Pauvreté ſur argent, vous êtes pauvre & riche , c'eſt-à-dire que vous ne jouiſſez pas du bien que vous avez ; homme Chatain-blond ſur ſolitude ; Tuteur ſur lettre, votre Tuteur vous écrira ; Penſée ſur groſſeſſe : Domeſtique ſur prudence ; Parens ſur maladie ; Or pour homme brun ; Eau ſur moins : l'on s'amuſe à refaire cette roue pluſieurs fois , quelquefois elle parle beaucoup , quelquefois elle paroît parler tout de travers , mais il faut avant d'en juger bien réfléchir.

Voilà les 4 premiers coups que je fis pour cette femme ; je lui en tirai beaucoup d'autres comme le coup de 12 , pour ſçavoir les différens tems où arriveroient les époques de l'abrégé de ſon hiſtoire ; je fis auſſi l'éventail que je vous laiſſerai à expliquer. Le coup de 15 & l'horoſcope,ainſi que pluſieurs autres ; mais comme mon Jeu, par ces 4 coups, peut vous conduire à tous ceux mêmes que vous ſaurez prèparer, je m'arrête d'ailleurs pour faire tous les coups de cette hiſtoire, il me faudroit un deuxiéme volume qui ne vous inſtruiroit pas davantage pour la maniere de tirer les Cartes.

Voilà la forme de l'éventail , ou la grande penſée du cœur, qu'en expliquant vous-même vous y trouverez des ſignifications re-

Coup de l'Éventaille.

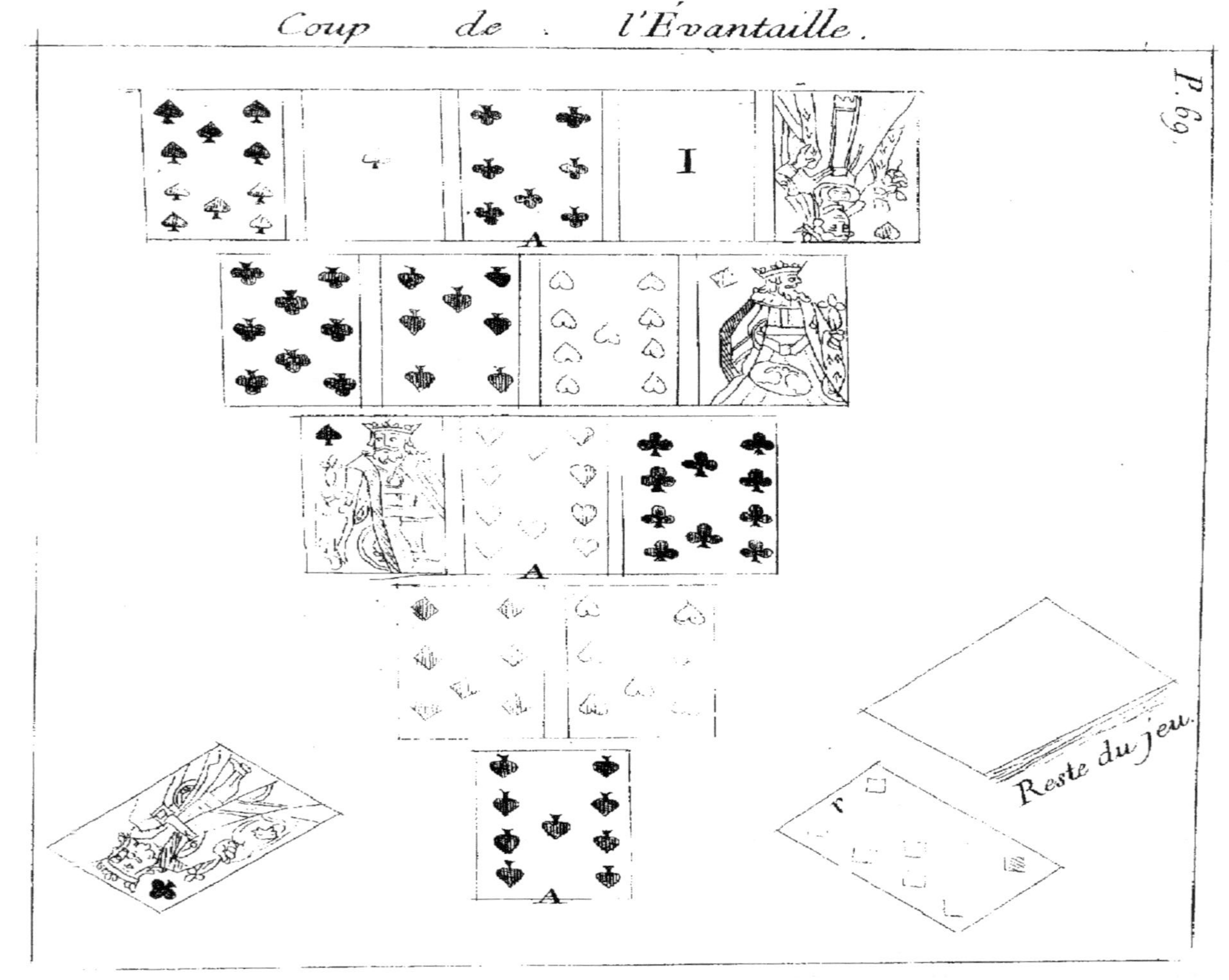

latives à la fuite de la vie de cette femme :
ce coup s'explique comme tous les autres ;
les Cartes qui viennent au milieu, comme
celles marquées A, font mifes au néant, &
expliquées ainfi. Il n'eft pas néceffaire de
retourne. Cette penfée ou éventail eft bien
facile ; combinez tout le coup, & voyez fi
vous l'expliquerez comme il faut que cela
foit;numero 11 & numero 20,Outrage pour
vous ; Embarras de Vénus ; 2 & 29 par voleur ; Pleurs pour un homme ; Deux 8, tra-
verfe ; Fidélité, ennuyée ; Empêchement
fur Religieufe ; 27 fur l'avenir ; Deux 10,
changement ; deux 7, conduite ; Saturne
au néant : tout ce coup, comme vous voyez,
qui fe fuit , ne doit point avoir d'arrêt, y
compris les deux fupports ; il dit en abrégé,
dans l'avenir vous ferez outragé fur l'amour
par des brigands ; vous vous ferez la réfo-
lution de changer de conduite : cela n'aura pas lieu ; ceux qui auront fait l'entreprife
de vous outrager , fera un homme Chatain-
brun ; Avantage pour votre époux : il y a
encore beaucoup à parler fur ce coup.Après
l'on voit où & en quel tems cela fera.

Voilà le coup de 15 , & comment il fe
fait : l'on bat , l'on coupe, & après l'on pen-
fe trois Cartes ; je fuppofe que ce foit le 7
de Tréfle fur fon affiette, argent ; le Dix
de Tréfle renverfé , amant ; la troifieme ,

en penſant à Procès, le Etteilla à côté du 7
de Pique. L'on tire toutes ces Cartes hors
du Jeu, on les met ſur la table, le 7 de Tréfle à la premiere penſée ; le 10 de Tréfle
à la deuxieme, au commencement s'entend ;
le Etteilla à côté du 7 de Pique à la troiſieme
rangée ; les Cartes qui ſuivent celles-ci ,
après que l'on a battu, coupé & pris les premieres venues deſſus le Jeu pour les arranger à la file des autres, juſqu'au nombre de 5.
Chaque dénote ce que l'on doit eſpérer de
ſes penſées ; s'il ſe rencontre quelquefois
que ces Cartes ne paroiſſent rien dire dans
une rangée , rebattez , coupez & tirez 5
Cartes que vous mettrez ſous ladite rangée ,
que vous expliquerez pour la même penſée.
Il y a dans la penſée d'argent , mauvais, envoyé au néant ; Argent ſur campagne : dans
celle d'Amant , Amant généreux , Amour
au néant ; Amant ſur femme : dans procès ,
Bon, pauvreté au néant ; Vous ſur militaire.
Ce coup eſt bien aiſé à mettre au net.

J'ai eu un de mes Ecoliers en Province
qui par ce ſeul coup dont je lui ai fait ſentir
la conſéquence , telle que je vais vous la
tracer , a paſſé pour le plus fameux qui ait
paru ; voilà avec un air de bonté comme il
s'énonce : cette Carte dit Argent, cette
autre dit Amant , ces deux ſignifient Procès;
& revenant un inſtant après comme à lui , il

Coup de quinze.

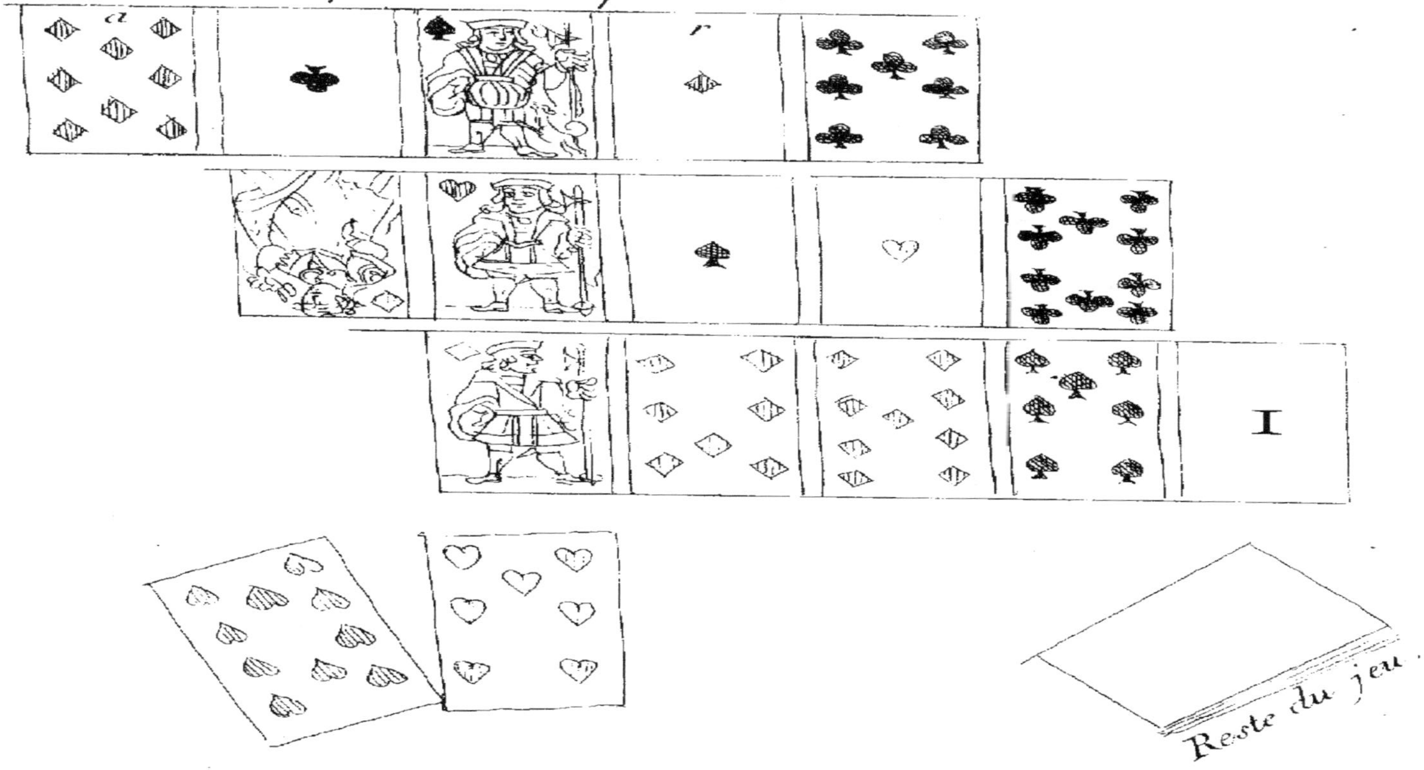

Reste du jeu.

I

dit ; choififfez 3 Cartes , l'on ne manque point de prononcer l'une des trois , ou quelquefois l'une & l'autre. Par ce moyen il fçait fur quoi panche le plus la perfonne:l'on appelle cela , demander aux gens ce qu'ils veulent pour leur donner.

Voyons l'Horofcope. Cet Horofcope eft très-différent de tous les autres ; mais il n'eft pas différent de lui-même , puifqu'il n'eft pas poffible de le faire autrement fans être affuré de fon peu de valeur.

Vous pofez donc ces Cartes , après avoir battu , coupé à l'ordinaire , enfuite vous dites , de quel mois fuis-je né ? du mois de Septembre ; combien y a-t-il de lettres pour écrire le mois de Septembre ? neuf ; de même que fi c'étoit en Mars, vous diriez 4 ; vous dites donc 9 fois 20 font 180 , le quart eft 45, en conféquence à 45 ans jufte vous aurez les fignifications des 4 premieres Cartes fuivant ce plan. Pleurs , Amitié, Efprit & Mere ; vous voyez que je prends le nom de la premiere Carte , le furnom de la feconde , le nom du numero de la troifieme , & le furnom du numero de la quatrieme : ainfi fuivez ce plan jufqu'à la fin, allez à la barre du Etteilla , confultez par la même opération s'il contrebarre, s'il approuve ou s'il vous redonne encore quelque chofe à cet âge. La premiere Carte , c'eft le 8 de Cœur ; son premier nom dit fille blonde; en conséquence vous pleurerez rapport à une fille blonde; voyons la seconde en suivant ce plan, c'est le surnom qu'il faut consulter; il nous dit Ennui ; votre Amitié s'ennuiera; la barre, comme vous voyez, fait péricliter votre Amitié.

Voyons à présent à la troisieme Carte ; le nom de son n°. est générosité; la barre vous augmente, vous aurez un esprit de générosité, en conséquence un bon esprit : l'on peut avoir l'esprit généreux sans dépenser d'argent, en secourant de ses lumieres, de ses conseils, l'opprimé, le pauvre, le foible, la veuve, l'orphelin. Voyons le surnom du Numéro de la Barre de la quatriéme Carte; il dit Tuteur; votre mere aura besoin d'un Tuteur. Est-ce-là tout ce qui vous arrivera à 45 ans ? Non , voilà comme il faut consulter le reste ; le numéro 20 & le 12 , & à mesure que vous avancerez d'une Carte, vous verrez la rencontre des deux numéros dans l'ensemble des huit Cartes; je ne vois que deux Valets renversés qui signifient sociétés ; à 45 ans vous serez sujet en société, c'est-à-dire que vous fréquenterez plusieurs personnes. Je ne vois rien autre chose dans cet âge; passons à un autre : vous dites à présent neuf fois 22 font 198 , le quart est 49 années & demie; vous faites

la

Coup de l'Horoscope.

Bare de l'Horoscope.

la même opération pour les 8 Cartes, en laissant la premiere de l'horoscope & la premiere de la barre, & vous verrez ce qu'il vous arrivera à cet âge. Ainsi de Carte à Carte jusqu'à la derniere, en suivant bien ce que j'ai tracé pour les quatre premieres, lorsque vous arriverez à la neuviéme, vous reprendrez au dix de Pique le surnom du N°, de même qu'à la Barre, ainsi jusqu'à la fin vous devez trouver tous les noms & surnoms de vos 24 Cartes expliqués ; vous n'oublierez pas de prendre garde à l'ensemble des numeros, ce que vous ferez aisément.

Si par hazard il arrivoit que moi ou l'Imprimeur nous nous fussions trompés, avec un peu de réfléxion vous corrigerez aisément les fautes qui ne pourroient tirer à conséquence pour l'instruction du Jeu, puisque vous devez connoître tous les noms & surnoms de vos Cartes ; ce que, comme j'ai dit, vous ferez bien d'écrire sur le plan de celui de l'Auteur.

Il est encore, comme tout le monde sçait, beaucoup de manieres de se récréer dans le Devinage ; mais toutes se doivent regarder pour l'amusement, & préférer celui qui défennuie le plus, que je soutiens être le Etteilla, puisqu'il est une infinité de combinaisons toutes plus amusantes les unes que les autres. Mais revenons à ces autres manieres ; elles font dans les plus à la mode, les Taraux, l'étain, ou plomb fondu, le marc du caffé, le blanc d'œuf: les Cartes ne font pas plus vraies que tout cela ; mais au moins s'y amuse - t - on avec une plus agréable illusion & plus de goût.

Mémoire de cette Femme.

Il y a plufieurs chofes que je n'ai point dit dans mes coups ; mais il y en a auffi que j'ai fous - entendu , ce que vous trouverez en dérivant toutes les fignifications. Je reprends tout fon Jeu fuivant les tems.

J'ai dit qu'elle étoit traveftie en homme, elle eft née au milieu de la campagne , au bord d'une riviere , fes parens étoient nobles , fon pere eft mort, fa mere remariée; elle eft mife au Couvent, elle fe marie ; un de fes parens l'enleve , ils voyagent enfemble , ils manquent de périr fur mer , elle devient groffe, accouche d'un garçon ; elle eft arrêtée & remife au Couvent ; fon parent l'enleve une deuxiéme fois , l'amene à Paris , fon mari les fuit à la trace, fe bat avec l'Amant; l'Amant eft renfermé , la femme cloîtrée ; fon mari qui la retenoit meurt , la mere de cette jeune femme prend ses intérêts , la délivre du Couvent ; libre , elle sollicite la grace de son Amant, elle l'obtient ; ils se revoyent ; la misére les prend ; elle se marie une deuxieme fois; l'Amant se marie presque en même tems ; elle quitte son époux pour son Amant , se brouille , & se sépare ; elle revit avec un Commis, tombe dans l'indigence , fait de mauvaises connoissances ; elle est conduite dans un lieu de force ; son mari la reclame , elle revit avec lui ; il meurt, la laisse grosse ; elle envoye ses enfans chez leurs parens ; un homme riche la voit, lui fait des propositions qu'elle accepte; elle s'amourache d'un Domestique, ruine l'homme qui lui faisoit du bien , enrichit cet Amant qui la quitte; réduite dans la misere , elle retrouve une ancienne connoissance qui l'habille ; va chez la D . . . . fait des parties , devient femme publique ; trouve un jeune Seigneur, presque un . . . qui s'endette pour elle , de qui la famille veut la faire renfermer ; elle se fait inscrire au spectacle par son Amant ; y débute , est mal reçue; elle quitte ce spectacle , se met dans une troupe de Province , la quitte, revient chez la D . . . . n'y fait pas ses affaires ; prend un associé Domestique, & une vieille femme , s'habille en étrangere , & partent tous les trois en campagne; parcou-

rent fuccinctement les villes de provinces, fe
fait appeller Marquife veuve ; elle trouve
des Amans , les ruine à moitié & s'en vient
à Paris : honteufe de cette vie , elle s'adon-
ne au jeu , gagne , perd , difpute , a un
procès , le gagne avec dépens ; va recher-
cher fa fille, demeure avec elle, fe brouille,
vend tous les meubles , & change de nom
& de quartier ; l'Amoureux de fa fille la
fait chercher , elle eft trouvée , plaide en
Juftice réglée , gagne ; fe remet avec fa
fille , fait venir fon fils ; change de mœurs
& de conduite; marie fa fille à un bon mar-
chand; met fon fils dans le fervice, fe brouille avec tout le monde, va feule en province
retrouver un de fes Amans; revient à Paris ,
& part pour un Royaume étranger avec lui:
c'eft où elle en eft ; elle eft âgée de 39 ans,
encore belle femme. Il y a beaucoup d'événemens finguliers dans ces intervalles: l'on
pourroit faire une hiftoire fuivie ; mais ce
n'eft pas mon talent ; les reproches qu'elle
s'eft faits, & l'envie qu'elle a d'être tranquille
le refte de fes jours , nous prouve affez ,
Lecteur, les remords d'avoir mené une vie
fans conduite. Adieu, Lecteurs & Lectrices.

F I N.

ERRATA.

*P*age 6, *ligne* 3, lers, *lisez* lors.

    12,   9, eux-mêmes, *lif.* d'eux-mêmes.

    38,   24, qu'à 13 ans paffés ; à 68 ans, *lif.* qu'à 13 ans ; paffé 68 ans.

    43,   24, numero 8, *lif.* numero 18.

    56,   2, châtain brun, *lif.* châtain blond.

    64,   21, le 8 de tréfle, *lif.* le 9.

  idem,   24, le valet de pique, *lif.* le 8 de pique : le 9 de tréfle, *lif.* le 8.

    65,   28, à côté du 6 de tréfle, *lif.* du 9.

    67,   10, femme bruue, *lif.* brune.

  idem,   18, vous ferez dupé, *lif.* vous aurez des ennemis.

Les Cartes des coups où eft mis au milieu 1, fignifient *Etteilla*.

Les *a* femblables, fignifient la Carte fur fon affiette.

L'*r*, fignifie la Carte renverfée.

Dans les premiers Jeux de Cartes, numero 22, indifcrétion, *lif.* indécifion.

Il y a des Exemplaires où la plus grande partie de ces fautes font corrigées.